Eduard Wagner 2017

Předmluva

Můžete to vidět, jak chcete: Jsou to paměti nebo je to jen sled událostí v mém životě. Rád bych řekl, že v době, kdy jsem to zažil, jsem věřil, že je to správné. Sotva jsem dostal nějakou radu od příbuzných nebo přátel, zda je to správné, nebo ne. Ale vždy šlo o to, jestli bych to vzal v úvahu. Samozřejmě se v průběhu následujících stránek vždy najdou místa, kde jsem na hranici legálnosti. Ale protože to bylo před nějakou dobou a já osobně si stojím za tím, co jsem tehdy udělal nebo neudělal, nevidím žádné problémy, pokud by tyto důsledky nastaly. Jestli se jedná o naplněný nebo šťastný život, není na mně, ale na čtenáři, ale závěr si nakonec udělám.

Rodina 1970

Prosince 1959 rodičovský dům

Na konci roku 1959 jsem spatřil světlo světa
ve Vídni, sice jsem tam byl, ale už si to skoro

nepamatuji. Přišel jsem jako druhorozený, mému bratrovi bylo již 6 let v dunajské švábské rodině. Abych vysvětlil svůj původ: Na konci druhé světové války byli moji rodiče se zbraní v ruce vyhnáni partyzány z dnešního Srbska a byli ohroženi na životě. Jelikož patřili ke skupině etnických Němců (dunajských Švábů), jejich mateřským jazykem byla němčina, což znamená, že uměli i srbochorvatsky. Jejich předci byli v současnosti usazeni Prinzem Eugenem v tehdejší Jugoslávii, aby tam posílili infrastrukturu, což se jim podařilo. Ve vřavě druhé světové války je pak s hrozbou života vyhnali partyzáni ze severu i z jihu. Do této doby dosáhli prosperity a pověsti, kde mezi tamějšími Jugoslávci a německy mluvícím obyvatelstvem nebylo žádné nepřátelství. Moji rodiče a jejich rodiny byli v roce 1944 přivítáni slovy: Co tam děláš? Proč mluvíš tak dobře německy? Proplížte se domů. Tehdy to bylo jen přijímání „cizinců". Dnes už si to člověk neumí představit. No zpět ke mně. Měl jsem snadné dětství, alespoň do mých 10 let. Otec se věnoval řemeslu, které se naučil už v Srbsku, a matka byla, jak bylo tehdy ještě zvykem, v domácnosti. Pokud to možnosti mých rodičů dovolily, dostal jsem všechno od hraček po kola a podobně. V létě jsem každý rok jezdil s bratrem a maminkou na dva až tři týdny do penzionu v jižním Dolním Rakousku. Můj otec, protože musel z finančních důvodů přes týden pracovat, k nám přijel v pátek na mopedu a zůstal až do neděle. Nutno podotknout, že můj otec získal řidičský průkaz až v roce 1972. V té době jsem také poznal rodinu, která bydlela nedaleko penzionu. V této byly dvě dcery, jedna o pět let mladší a druhá o rok starší. Znamená to, že starší mě už potkal s plenkami.

Škola září 1966

Začátek mé školní kariéry. Na základní škole jsem chodil do chlapecké třídy. Absolventka tehdejšího Pädagu se představila jako učitelka. Bylo jí asi 25 let a byla to krásná žena, pokud jsem to v tom věku mohl posoudit. Dodnes si pamatuji anekdotu, která mě tehdy docela šokovala. Na začátku školních dnů jsem přišel za svou matkou a řekl jsem jí toto: Ty, matko, učitelka si namalovala prsty jasně červenou barvou. Jak můžete něco takového udělat? Pozadí bylo v tom, že si učitelka Ulrike nalakovala pouze nehty, což pro mě v té době ještě nebylo běžné. Myslím, že moje matka se v tu chvíli otočila na stranu a pravděpodobně se musela usmát, pak mi vysvětlila, o co jde. No a základní školu jsem absolvoval s velmi dobrým prospěchem, kromě malby a kresby. Respekt jsem měl ale i k „ženě učitelce", která přestupky trestala „stáním v koutě". Cesta do školy, tehdy ještě všechno pěšky, byla vždycky výzva, protože se vždy našel jeden, dva nebo tři kolegové ze školy, se kterými se dalo žonglovat na chodníku.

Září 1970 střední škola

Poté, co jsem v tomto věku stále snil o vysněné práci „lékaře" a podle toho jsem měl i vysvědčení ze základní školy, mě rodiče přihlásili do sousedního okresu na střední školu. V roce 1969 můj otec vrátil živnostenský list na opravy lahví na sodovku, protože to již nebylo rentabilní, a následně se dal na nové zaměstnání, a to na prodej denního tisku. To znamená, že večer asi do 23:00 na stánku prodával jako kolportér největší noviny u nás. Protože to bylo napůl ziskové, začala moje matka prodávat i noviny. Tím si za ta léta mohli ušetřit spoustu peněz, my oba, tedy můj bratr a já, nebyla pohoda zanedbána. No, teď jsem byl v první třídě humanistického gymnázia. V pondělí byla vždy matematika a angličtina jedna za druhou. No to šlo chvíli napůl, ale po chvíli jsem onemocněl a rodiče mi napsali potvrzení, že jsem nemocný. Protože mi ale učitelský sbor tento papír nevzal, nechal jsem si ho. Pondělí s angličtinou a matematikou mi teď začalo být čím dál odpornější, a tak jsem dostal nápad jít jedno nebo druhé pondělí „na modro" a nechodit do školy. Pak jsem předložil potvrzení, že jsem sám nemocný, s podpisem rodičů. Jelikož šlo většinou o samé nemoci a podpis už nebyl nejlepší, stalo se, jak muselo. Najednou moji rodiče dostali předvolání, aby přišli do školy. Samozřejmě se jich ptali na mé chybějící dny a výsledné známky a byli ze mě patřičně překvapeni nebo zklamáni. Důsledkem toho bylo, že mě škola odsoudila ke „kataklizmatu" (4 hodiny samotného psaní trestu ve škole). Pokud je mi známo, tento druh trestu dnes již neexistuje. Nakonec školní rok skončil dvěma pětkami. To znamená, že jsem musel opakovat 1. třídu, jak se tehdy ještě požadovalo.

Září 1971 internátní škola

Po této pro mě rozhodující události se sešla rodinná rada v podobě mých rodičů a mého sedmnáctiletého bratra. Muselo by se předem poslat, že můj otec byl během školních let v Srbsku několik let v německy mluvící internátní škole. Tím pádem byla poskytnuta rada, na kterou školu mám dále chodit. Jelikož jsem samozřejmě v 11 letech netušila nebo jen omezovala, co mě čeká, musela jsem přijmout rozhodnutí rodinné rady. Protože jsem byl od narození pokřtěn jako protestant, moje registrace v katolických internátních školách, jako jsou školní bratři ve Strebersdorfu, nebyla přijata. Toto rozhodnutí znamenalo, že jsem odešel na internát ve 13. obvodu, jehož součástí bylo i humanistické gymnázium. S tímto rozhodnutím ze strany rodičů jsem se dlouho přel, protože jsem tam byl víceméně zavřený od nedělního večera do sobotního poledne. Pokud jsem něco "zlomil" během týdne, o víkendu to samozřejmě nevyšlo. Naštěstí tomu tak ve 13. obvodu bylo jen zřídka. Jedna věc byla na tomto domě zajímavá, protože v čele této instituce stál vnuk Adalberta Stiftera (jmenoval se stejně). Tento ředitel byl vášnivým kuřákem dýmek, kouř byl cítit po celé budově a se stále větší intenzitou jsme věděli, že nebezpečí hrozí. Strávil jsem 3 roky na Himmelhofu, tak se tam jmenoval internát. Poté jsem přešel na stejnojmenný internát ve 2. okrsku se stejným vychovatelem Franzem.Tam však byly zvyklosti stejné jako ve 13. okrsku. To znamená, že pokud během týdne došlo z mé strany k pochybení, mohl jsem nedobrovolně strávit víkend s trestem na internátu. Vzhledem k tomu, že dozor tam nebyl moc velký a já jsem samozřejmě také zestárnul, byly na internátě často víkendy. V té době, ve 13 letech, jsem se seznámil s cigaretami, což vedlo i k tomu, že jsem byl nucen zůstat v domově. Toto přátelství s nikotinem mi zůstalo dodnes. Celé to šlo celkem dobře až do 4. třídy a pak jsme dostali korutanskou učitelku biologie, která právě dokončila studium. Pro nás studenty ve věku od 14 do 15 let byla samozřejmě výzvou z hlediska puberty, protože to byla hezká žena s odpovídající postavou. Nechal jsem se tedy během lekce unést jedním výrokem, který mi vynesl nejhorší známku z chování. Navíc jsem v různých předmětech sbíral i nejhorší známky, takže jsem musel opakovat 4. ročník. To se podařilo, a tak, protože se to v domě už neučilo, musel jsem jít do 5. třídy humanistického gymnázia v sousedním okrese. Protože jsem se stále chtěl stát lékařem, předpokládal jsem, že budu používat starou řečtinu, protože se mi velmi líbila i latina. Zajímavé tehdy bylo, že jsem poprvé skončila ve smíšené třídě, ale bylo tam jen 6 holek a zbytek kluků. V prvním semestru jsem ještě trochu toužila po učení, ale jelikož se mi starověká řečtina vůbec nelíbila, známky podle toho vypadaly. Nezůstalo jen u tohoto předmětu, a tak bych musel hodinu opakovat, ale to už v té době nebylo možné. A tak se rodiče rozhodli, protože mi bylo 17 let, že nastoupím do učení. Když mi bylo asi 16, tehdy ještě na internátě, oslovil mě Ernst, syn kamarádky mé matky, jestli bych nechtěl chodit každý pátek večer na lidovky. To byl samozřejmě těžký úkol na internátní škole, protože ne vždy to tak bylo, že odtud odcházeli. Nakonec jsem směl vyjít v pátek od 18 do 22 hodin. Lidový tanec se konal v domově dunajských Švábů ve 3. okrese. Když jsem se tam poprvé dostal, našel jsem asi 30 mladých mužů a žen, z nichž jsem byl jeden z nejmladších. Jako vedoucí se mi představil rodilý dunajský Šváb, který s námi nacvičoval lidové tance. Ale protože jsem byl vysloveně anti talent, co se týče tance, tento muž měl také potíže mě to naučit. Dodnes si pamatuji epizodu, kdy mi dozorce vzal stehno do ruky, protože jsem nerozuměl sledu střídavého kroku. Na tom se asi dodnes nic nezměnilo. V těchto večerech jsme s 8 až 10 páry studovali lidové tance, které jsme pak předváděli v plesové sezóně v lednu a únoru. Postupem času se vyvinula skupina stejně starých lidí, kteří dvakrát týdně chodili na bowling do vídeňského Prátru. To znamená trénink jednou týdně a mistrovství v pátek. Vzhledem k tomu, že jsme měli sponzora, přepravní společnost, tak nás to moc nestálo. Kolem roku 1982 se pak s touto společností plavilo 7 mužů a žen v létě na 10členné plachetnici ze Splitu do Dubrovníku. Každý den v tom týdnu jsme jeli na ostrov, dali si pauzu a pak jeli dál. Byl to úžasný zážitek

Srpen 1972 víkendový dům

Poté, co byla otcova kariérní změna v roce 1969 z hlediska úspor úspěšná, dokázali si ušetřit docela dost peněz. Teď se moji rodiče vydali hledat malý víkendový dům v Dolním Rakousku. To, co hledali, našli v jižní vídeňské pánvi v obci s přibližně 10 000 obyvateli. První pohled na mé rodiče zapůsobil jako výhodná koupě, ale nedokázali si představit, co bude následovat. Pro mě jako pro 12letého to bylo samozřejmě potěšení, protože na pozemku byla spousta ovocných stromů a keřů, které jsem po odřezání směl spálit, aby byla vidět i stavba z roku 1930. Pamatuji si, že po čase to pálení trochu potrápilo sousedy, tehdy se to ještě smělo. Ale ano, byli jsme „Vídeňáci", kteří přišli do Dolního Rakouska expandovat. Stromy a keře byly odstraněny a vy jste mohli vidět dům. Měl nevýhodu, že byl léta nevyužívaný a byl tedy v dezolátním stavu s podlahou a podkrovím. Když jsem vše spálil, vzal jsem kolo a prozkoumal oblast s horami, které k tomu patřily a musel jsem znovu a znovu projíždět kolem dělnické osady. Jednoho dne se mě jeden chlápek, který tam zrovna byl, zeptal, jestli bych nemohl slézt z kola a sednout si k němu. Udělal jsem, jak požádal, a posadil se k němu. Pak přišli další kluci a rozvinul se zajímavý rozhovor. Z tohoto setkání vzniklo přátelství minimálně na deset let a každý víkend jsme dělali něco jiného. Až postupem let se partneři spojili, každý z těchto přátel se přestěhoval někam jinam do Dolního Rakouska a přátelství se rozpadlo.

Dům po rekonstrukci

1972 první polibek

Protože moji rodiče vždy chtěli jet v létě na dovolenou, požádali evangelický sbor ve Vídni, že celá rodina má stejnou víru. Výsledkem byly dovolené s celou rodinou ve Štýrsku. Nebyli jsme tam jediná rodina, bylo tam asi 50 lidí. Každý den jsme dělali všechny výlety a túry, které byly vždy pěkné. Jednoho dne jsme se vrátili z exkurze o něco dříve, Angela se mnou promluvila, byla asi o rok mladší než já. Říkala, že na půdě domu, kde jsme bydleli, objevila sršní hnízdo a že se na něj bojí znovu sama podívat, jestli mám jít s tebou. No proč ne, nic se nemůže stát. Když jsme stáli před tímto hnízdem, najednou se otočila a políbila mě na rty. Byla jsem zděšená, to směla jen moje matka a nikdo jiný to nesměl. Ale stejně jsem si to nechal pro sebe.

Zimní výprodej 1975

Jelikož si můj bratr chtěl k platu jako bankovní úředník něco přivydělat, jezdil z jedné restaurace do druhé v 10. obvodu a prodával tam největší deník. Ale protože jsme byli jedno srdce a jedna duše, dokud mu nebylo asi 20 let, řekl, že můžu prodávat noviny a kupovat si kapesné. K tomu jsem stál na pěší zóně v 10. obvodu ve žluté bundě a chválil své noviny. Večer jsme pak vyrovnali účty za 10 až 15 novin. Nebylo to příliš ziskové, ale jak jsem řekl, mé kapesné se zvýšilo.

Září 1977 vyučení

Můj otec se znal s HR manažerem velkého velkoobchodu s potravinami a výrobcem v 16. okrese, který byl v té době známý, a tak jsem nastoupil na výuční list jako úředník. První věc, kterou jsem dělal, byla práce ve velkoobchodním účetnictví. Našel jsem tam čtyři muže ve věku 50 a více let. Vedoucí oddělení byl pro to oprávněnou osobou. Ale protože jsem právě vyšel z internátní školy, užíval jsem si znovu nabyté svobody. Projevilo se to tím, že jsem nebyl tak přísný na to, abych se ve volném čase vyspal. To znamená, že teď, když jsem měl ve Vídni přítele jménem Ernst, odjížděli jsme skoro každý večer. Samozřejmě, že návrat domů byl pozdě. Takže můj pracovní výkon následující den tomu odpovídal. Generální ředitel, ke kterému jsem seděl zády, znovu a znovu klepal propiskou do stolu, abych mohl pokračovat v práci. Postupem času mě však práce s pouhým přidáním 100 až 200 dodacích listů za celý den začala nudit, a tak jsem se rozhodl promluvit se šéfem, zda bych nemohl být převeden na jiné oddělení ve firmě. Mé žádosti bylo vyhověno a byl jsem převezen do čajového oddělení. Tam jsem se setkal s mladým dispečerem a jeho šéf byl oprávněným signatářem. Tady jsem se toho o úřednici moc nedozvěděl, ale starý vedoucí mě naučil hodně o čaji. Musel jsem tedy každé ráno zařídit ochutnávku čaje, která prošla velmi zvláštním rituálem: Začal jsem tedy tím, že jsem připravil alespoň 10 misek s horkou vodou a poté jsem dovolil přidat přesně 2 gramy čaje. Potom pán prošel a usrkl z každé misky, nechal si ji v ústech a nechal ji přejet chuťovými pohárky. Tímto způsobem byl schopen určit kvalitu tohoto čaje a následně bylo objednáno odpovídající množství. V průběhu mého působení na tomto oddělení přibylo automatické zařízení na výrobu čajových sáčků, které mě velmi zaujalo, protože na jedné straně byl doručovaný čaj ve velkých krabicích a na konci hotových 20-25 čajových sáčků vyšel zabalený. Ale protože to, co jsem se mohl naučit, bylo omezené, chtěl jsem se vrátit do nového oddělení, a tak jsem asi v 18 letech přišel do oddělení čerstvých produktů. Odtud byly denně připravovány dodávky ovoce a zeleniny pro 250 poboček. K tomu musely jednotlivé obchody samozřejmě každý den přijímat telefonické objednávky. Protože jsem nyní dosáhl věku, kdy jsem podle zákona na ochranu mládeže směl pracovat přesčas, přihlásil jsem se na nedělní bohoslužby, které byly náležitě ohodnoceny. Moji kolegové byli skoro v mém věku, takže brzy vznikla přátelství. A tak jsme po nedělní práci chodili občas popíjet, dokud někdo neřekl, že má s sebou něco, co se dá konzumovat jen v uzavřených místnostech. I když jsem byl tehdy naivní, šli jsme do bytu a sedli si na podlahu, protože nebylo k dispozici místa. Najednou zmíněný kolega vytáhl z kapsy cigaretu, zapálil si ji a podal ji. Nic netušíc jsem, stejně jako ostatní, přitahoval tuto domnělou cigaretu. Když se to pak vykouřilo, bylo mi oznámeno, že to byl joint. Moje shrnutí bylo dobré, moje důvěřivost, a především jsem nic necítil, takže věc byla vyřízena a už jsem se ničeho takového nedotkl.

Září 1978 První byt

Poté, co můj bratr asi ve 21 letech řekl, že už nebude mít ženu a že už má vlastní byt, jsem dostal malý byt asi 35 metrů čtverečních ve stejném domě, kde bydleli moji rodiče ve Vídni. V této době však také začalo, kde jsem musel asi 30 let bojovat. Jednak jsem měl jednorázové přátele o víkendu v Dolním Rakousku a kamaráda ve Vídni. S posledně jmenovaným jsem přes týden chodil skoro každý den, a tak se stalo, že jsme moc různých věcí nedělali. Většinou jsme pak chodili do barů, kde se dalo hrát karty. Ale protože to časem začalo být trochu nudné, rozhodli jsme se hrát o peníze. Ale ani to se nenaplňovalo, a tak jsme v místních automatech viděli stroje, do kterých jste mohli vložit peníze a vyhrát. Tehdy se jim říkalo jednorucí bandité, které bylo možné najít po celém Rakousku. Ano, na začátku byly vždy menší či větší zisky, ale postupem času to byl samozřejmě deficit. Především jsem zjistil, že taková zařízení jsou dostupná i v Dolním Rakousku. A tak moje závislost začala, určitě ne hned, ale postupem času jsem překročil hranici, kterou jsem si nebyl vědom.

Května 1978 barvoslepost

Tehdy jsem musel na odvod do rakouské branné moci. V té době jsem neměl žádné zdravotní potíže, ale pak mi byla předložena karta s různými barevnými tečkami a byla jsem požádána, abych z ní přečetl číslo a písmeno. Tohle jsem ale nedokázal, i když jsem se na mapy díval z různých úhlů. Čili bylo zjištěno, že jsem barvoslepý, a to červeno-zeleno-slepý. Komise však rozhodla, že budu plně kvalifikovaný. O půl roku později jsem si chtěl s tátou udělat řidičák na motorku a auto. K tomu jsem však musel podstoupit i zkoušku. Mimo jiné mi byla předložena další barevná karta, ze které jsem opět nemohl nic vyčíst. Pak řekli, že budu muset absolvovat další vyšetření, včetně testu reakce na příslušné správní radě a psychologického testu ve 3. obvodu. Tento psychologický test měl asi 20 stran a bylo zdlouhavé ho vyplňovat, protože jsem neudělal smysl toho. Můj argument, který jsem také vyjádřil, byl, že jsem plně kvalifikovaný a nesmím mít řidičák, no, tak vás prostě zastřelím, protože se nemůžu rozhodnout mezi červenou a zelenou. Pokud vím, jen červená na semaforu je vždy na stejném místě. Řidičák jsem si konečně udělal aspoň na auto, toho na motorky jsem se vzdal, i když jsem měl v 16 a 17 letech 2 mopedy a nikdy jsem s nimi neměl nehodu.

Října 1980 federální armáda

Začátkem října jsem nastoupil vojenskou službu u rakouské branné moci v Martínkových kasárnách (penzion?). Prvních šest týdnů bylo základním výcvikem a také vyčerpávajících. Když jsem měl na začátku prosince narozeniny, byl jsem v pohotovosti se vším všudy, a to ve státní svátek. To znamená, že asi 15 lidem dalo službukonající stráž 20 nábojů pro každého. Teď jsem musel sedět u stolu a čekat, až přijde rozkaz, řekněme, abych se prošel kolem baráku. Nevím jak, ale najednou na stole ležela 2 litrová láhev s bílým vínem a soudruzi mi k narozeninám fandili. Ano, ale bohužel to nebyla jediná láhev, kterou jsme spotřebovali. To znamená, že při dalším kole kontrol v prostoru kasáren se cesta zužovala a zužovala a na konci jsem musel pušku vybít 20 náboji do střílen. Sám jsem to nezvládl, pomohl mi soudruh. Celá věc zůstala nepotrestána až na povinné udání s následujícím napomenutím. Po prvních šesti týdnech jsem byl přidělen do kanceláře tiskového mluvčího. Tento major tam byl ráno, ale pak odešel z kanceláře a vrátil se hodinu před koncem práce. Mým úkolem tam bylo hledat zprávy o panovníkovi v různých denních novinách. Nebyl to časově náročný úkol, byl dokončen poměrně rychle. Takže jsem mohl dohnat to, co jsem měl přes noc velmi málo, totiž spánek. Když jsem se v říjnu nastěhoval, měl jsem 65 kilo rozdělených na délku. V prostoru kasáren jsem poznal bádenské víno, protože jsem ho předtím neznal. Když jsem se po 8 měsících odzbrojil, nevážil jsem 65, ale 72 kilo, což jsem dodnes nepřekročil.

Profese září 1980

Vyučení na úředníka jsem měl úspěšně za sebou, vojenskou službu méně úspěšně, a tak jsem si říkal, jak dál. Nyní jsem se začal zajímat o večerní kurzy a zahájil jsem kurz účetní, což se mi brzy ukázalo jako špatné.

Zjistil jsem tedy, že počítače mají budoucnost a v letech 1980 až 1981 jsem chodil na kurzy programování na WIFI Vienna, které probíhaly každý večer od 18:00 do 22:00. To jsem doplnil zkouškami alespoň v Pascalu, v Cobolu jsem neprošel. S certifikáty jsem měl na mysli lepší šance na trhu práce a na konci srpna 1981 jsem dal výpověď ve velkoobchodě s potravinami. Okamžitě jsem měl opět práci jako úředník ve firmě na výrobu trubek a rozvodných skříní, která sídlila v 5. obvodu. Asi po roce jsme se přestěhovali do 11. obvodu, kde se nacházela i továrna této firmy. Měl jsem tam sympatického staršího absolventa obchodu, který se mě znovu a znovu snažil inspirovat. Ale když odešel do důchodu, přišla jako jeho nástupkyně vystudovaná inženýrka. To mělo za cíl ušetřit, a tak došlo k tomu, že jsem byl po dvou letech a devíti měsících propuštěn. Tehdy ještě bylo odstupné s minimálně dvěma platy, ale až po třech letech u firmy. Musel jsem se tedy poohlédnout po nové práci a dozvěděl jsem se o ní v denním tisku. Pak jsem si našel práci, kde se předvýběr dělal v testovacím psychologickém ústavu. Přišel jsem tedy do tohoto ústavu na začátku května 1984 a byl mi předložen balíček 20 stran testů k vyplnění. Po několika záznamech do tohoto papíru jsem si pomyslel, že tyto listy papíru jsem již držel v ruce. A přesně tak to bylo, před lety jsem na stejný test musel udělat řidičák a ten den se ucházet o práci. Zní to trochu divně. Po vyhodnocení mých informací jsem byl požádán o pohovor v 8. obvodu. Předpokladem pro tuto pozici bylo, že se jednalo pouze o roční náhradní rodičovskou dovolenou. Tam jsem musel vyúčtovat stipendisty, kteří pracovali ve výzkumném centru v Dolním Rakousku a starali se také o bankovní knížku. Ale protože to celé pro mě bylo trochu malou výzvou, zamířil jsem na další úkoly. Jednalo se o finance, rozpočet a účetnictví majetku. Počítačové jazyky, které jsem se naučil a které jsem si osvojil před lety, se nepoužívaly, protože tomu zabránil stávající „programátor". První rok mateřské dovolené tedy skončil a můj tehdejší šéf, se kterým jsem teď měla kámen v představenstvu, mi bez váhání prodloužil smlouvu. Ale protože úřad v 8. obvodu byl asi rok po vstupu do této společnosti (poloveřejné) uzavřen, museli jsme se přestěhovat do Dolního Rakouska. Měli jsme možnost využít služební autobus z Vídně. Práce ale začala až v 8:30 a to už bylo pro mě pozdě. Tak jsem se bavil s kolegou, že pojedeme do práce společně s mým 2. autem. Tím přispěla na cestovní náklady. To znamená vstát z postele každý pracovní den v 6 hodin ráno, ujet 35 km ven a 35 km zpět večer, bez ohledu na počasí. Ale jelikož jsem si této práce v Dolním Rakousku vůbec vážil, přijal jsem to. Čas, který jsem tam strávil, byl nejen profesionální, ale i osobně to byla práce bohatá na zkušenosti, kterou jsem v životě měl, zvláště když jsem se při ní hodně naučil. V účetnictví, tak se jmenovalo oddělení, kde jsem pracovala, bylo kolem 15 žen a pouze 2 muži, což mě zpočátku zasáhlo méně. Za ta léta jsem se ale spřátelil s kolegou, který pracoval o dvě místnosti dál. Byla asi o 2 roky mladší a docela chytrá, žila poblíž práce s rodiči v rodinném domě. Jak to muselo přijít, stalo se, přátelství se prohloubilo. Většinu času jsem zůstával u ní doma, ale stále jsem se vracel do svého bytu ve Vídni. Pak mi jednoho dne řekla, že je se mnou těhotná. Bylo mi tehdy asi 26 let a on považoval za mou povinnost ji požádat o ruku, protože to přijala. Už jsme hledali kostel nebo matriku a víceméně stanovili termín svatby. Ve firmě se samozřejmě tajně šuškalo, že se děje něco, co se mi moc nelíbí. Protože však z její strany šlo pouze o prohlášení o těhotenství a já jsem v průběhu měsíců nic jiného neviděl ani neslyšel, začal jsem pochybovat, zda to bude pravda. Nyní byl navíc „nátlak" kolegů stále větší. Rozhodl jsem se proto na konci roku 1987 po třech a půl letech funkci opustit a nechat ji ve firmě přednost, protože její kvalifikace byla nižší než moje. Samozřejmě také nedošlo k vyrovnání dvou platů, jelikož jsem sám dal výpověď. Údajné těhotenství mé tehdejší přítelkyně jsem si ověřil až po nějaké době, ale pravděpodobně těhotná nikdy nebyla. Bylo mi líto této pozice, protože jsem se hodně naučil, i když podmínky nebyly vždy nejlepší.

Ledna 1988 zaměstnán u otce

Vzhledem k tomu, že mému otci bylo letos 58 let, rozhodla jsem se, že u něj začnu pracovat jako úředník v kanceláři, což znamená, že jsem v tuto chvíli byla víceméně OSVČ, protože otec toho pro syna moc udělat nemůže. Jelikož jsem měl účetnictví na učilišti, rozhodli jsme se, že si účetnictví budeme dělat sami. Náš daňový poradce měl za úkol pouze sestavit příslušné daňové přiznání nebo rozvahu a předložit je finančnímu úřadu. V roce 1989 stejný daňový poradce řekl, že částka 0,25 S v rozvaze je pouze částka Mickey Mouse, a proto je irelevantní. Rozvázali jsme s ním tedy smlouvu a další roky jsem sám připravoval přiznání k dani z příjmu a výslednou rozvahu. Jedinou nevýhodou toho bylo samozřejmě to, že jsem s tím neměl žádné zkušenosti. V následujícím roce jsem tedy obdržel dopis od příslušného finančního úřadu. Když jsem to otevřel, četl jsem ustanovení 1,5 milionu šilinků v prodlení. Naštěstí jsem seděl, když jsem otevřel tento dopis. Při vyplňování příslušného formuláře jsem udělal chybu čárkou. Po asi 4 až 5 schůzkách jsem to napravil. Během této doby jsem měl kolem 100 kolportérů (zákazníků), které jsem musel denně doručovat, jen málokdo měl čas přijít do našich provozoven ve 20. okrese. Pro vysvětlení kolportér byl člověk, který prodával večer nebo ráno denní tisk s barevnými bundami na náměstích, nádražích a ulicích. Pro mě byli vždy považováni za nezávislé obchodníky. To znamená, že ode mě nakupovali časopisy, tedy periodické tiskoviny, s určitou slevou a následně je prodávali za pevnou koncovou cenu, která je uvedena u každého produktu. Nevýhodou tohoto odvětví je 100procentní právo na návratnost. Pokud si zákazník ode mě koupil 10 kusů časopisu a prodal jich pouze 5, mohl mi zbývajících 5 kusů vrátit, když byl časopis nový a ty byly následně započteny. Měl jsem samozřejmě právo i se svými dodavateli, jako jsou velkoobchody a vydavatelé. Celá věc byla samozřejmě spojena s enormním množstvím času, a především s precizní kontrolou příslušných faktur. 50 až 60 hodin týdně tedy nebyl výjimkou, ale spíše pravidlem.

Září 1992 samostatná výdělečná činnost

Mému otci bylo letos 62 let a musel jsem hodně argumentovat, že po 47 letech odvodů šel konečně do důchodu. Finančně by ho to moc nevyneslo. Převzal jsem tedy tento velkoobchod časopisů se dvěma živnostenskými listy, tehdy to jinak nešlo. Znamená dvě členství v divizi komory a v důsledku toho dva poplatky za ni. O dva až tři roky později se objevil konkurent. Tento pan Robin dostal příležitost založit si vlastní kolportáž z menšího deníku. Jinými slovy, poskytl několika cizím lidem bundy a denní tisk a tyto lidi distribuoval po celé Vídni. Postupem času jsem se však dozvěděl, že tento muž nedal místa lidem zdarma, ale požadoval od každého kauci v 5 až 6místných šilinkových částkách, a to ještě předtím, než mu bylo místo přiděleno. Vzhledem k tomu, že pokud vím, bylo to písemně napsáno jen velmi řídce, už v tuto chvíli jsem tušil, že se to jednou pokazí. Protože se mě to moc netýkalo, nechal jsem ho vládnout. Pak za mnou jednoho dne přišel a řekl, že bychom mohli udělat protiobchody, proti čemuž jsem neměl námitky. Časopisy od některých vídeňských nakladatelů jsem sehnal za dobrých podmínek a u něj to nebylo moc jiné. Chvíli to šlo dobře, on mě doručil, já jemu a bylo to kompenzováno. Jednoho dne to ale nebyla velká částka, zazvonil telefon a Robin byla na lince. Řekl, že mu ještě něco dlužím a že to chce uplatnit. To mě tak rozzuřilo, že jsem řekl, že se vzdávám své žádosti a už o něm nechci slyšet. Ano, bylo to jen mé přání. Najímal další a další Araby, Pákistánce a Indy, a nakonec šel k mým dvěma hlavním dodavatelům. Důvodem je, že když jsem začal pracovat ve velkoobchodě s časopisy, mluvil jsem s těmito dvěma dodavateli, abych získal o 4,9 % vyšší slevu. To znamená místo 28,2 % vyšší s 33,1 % hrubého. Moje žádost o něj zůstala bez odezvy, i když jsem jel do centrály jednoho dodavatele v Salcburku, navýšení slevy jsem pak dosáhl asi o 10 let později. Pan Robin šel k těmto dvěma dodavatelům s čímkoli a hned měl vyšší slevu, což spojení mi bylo jasné, ale tuhle ode mě nedám.

Provozovna ve 20. okrese u otce

Listopadu 1988

Teď mi bylo 28 let, mí dolnorakouskí přátelé se rozešli po celé spolkové zemi, dílem z profesních důvodů, dílem z partnerských, a tak jsem na to byl sám. Zase byla taková nevýrazná sobota a tehdy mě napadlo, že tam 30 kilometrů odtud bydlí dvě dívky, které jsem znal už z dětství, kdy jsem trávil léto s bráchou a maminkou v Dolním Rakousku. Tak jsem nasedl do auta a jel do tohoto města s 800 lidmi. Našel jsem nejen dvě dívky, ale 3. Kamarádka starší ženy byla na návštěvě. Po krátké době jsem navrhl, že bychom si mohli jít zatancovat. Kamarádka řekla, že je unavená a musí domů za manželem. Zbyly mi tedy dvě a po nějaké době líčení a stylingu nadešel čas. Jeli jsme mým autem asi 60 kilometrů do sousedního okresu, v okolí toho bylo v tomto ohledu velmi málo. No a teď jsem tam seděl na diskotéce se dvěma holkami, jednou o pět let mladší, a ne nutně hezká, a druhou, o rok starší a dost „ustrojená". Teď mi nezbývalo nic jiného, než střídat tanec s jedním a pak s druhým, a to pro mě, když jsem byl tak talentovaný tanečník. V průběhu večera, bylo už po půlnoci, 13. listopadu, když jsem seděl u stolu, jsem si všiml, že jedno koleno stále naráží do mého a pak už zůstalo. Myslím, že další tance dovršily přístup těch starších a přišlo to tak, jak to přijít muselo. Bylo to úžasné. To pak trvalo dobrých 20 let.

Podzim 1995

Jelikož můj konkurent byl v prodeji novin a časopisů stále agresivnější a uchýlil se k vyšším slevám pro své kolportéry, musel jsem reagovat i já. Naštěstí jsem měl v té době pár rakouských nakladatelů, ze kterých jsem mohl žít, protože se zmíněnými velkoobchodníky se v tu chvíli alespoň nedalo nic dělat. Vyjadřovalo se to tím, že jsem své zboží mohl prodávat jen skrytě, protože pokaždé, když jsem přišel ke svým zákazníkům – a byli to léta – se vždy našel Arab, kterého bylo možné přiřadit k firmě Robin, s mým kupcem a tím zabránil mému prodeji. Musel jsem tedy dostat své časopisy do prodeje okružním způsobem, protože kupující mého zboží by utrpěl finanční nevýhodu, kdyby bylo vidět, že ode mě nakupuje. Ale protože intelekt těchto dozorčích orgánů nebyl nutně nejvyšší, zvyšoval jsem své zboží i s obtížemi. V té době se mi podařilo enormně navýšit tržby (bilanční suma asi 600 000 Schillingů) i počet časopisů, takže můj hlavní dodavatel za mnou přijel velkým náklaďákem ve 20. okrese, kde jsem převzal otcovu provozovnu. Často to byly 2 palety zboží s 10 000 zásobníky. V té době jsem lezl tak daleko, asi ze soutěžních důvodů, že týden běžel od pondělí do neděle. Moje partnerka Britta si na to od roku 1988 oprávněně stěžovala a já to musel změnit, a tak jsem si vzal alespoň víkend. Ale jelikož jsem trochu tlustý a co jsem si předsevzal, tak to udělám. Tak to dopadlo, jak muselo. V únoru 1998 jsem náhodou viděl, že jeden ze dvou hlavních dodavatelů přestal dodávat firmě Robin. O několik dní později jsem byl schopen oficiálně zjistit, že Robinova společnost je v úpadku. Konkurzní částka byla 35 milionů ATS. Tato částka jistě zahrnovala jen malou část záloh, které si pan Robin a jeho zaměstnanci od kolportérů vybrali. Proslýchalo se, že svým 100 až 200 kolportérům ukradl asi 15 milionů šilinků. Dozvěděl jsem se také, že po konkurzu se tento muž odvážil vyjít na ulici jen s bodyguardy, pravděpodobně kvůli zadrženým vkladům. Kvůli konkurzu byli najednou připraveni mi dát tu vyšší slevu 33,1 hrubého. Ano, ale to už bylo pozdě.

Dovolená v červenci 1998

Poté, co jsem nikdy nebyl příznivcem dovolených, jsem měl ještě 2týdenní dovolenou na Krétě, která byla dodnes asi nejkrásnější v mém dosavadním životě. V paměti mi utkvěly i některé zážitky: My, moje partnerka Britta a já, jsme si půjčili moped.

Jediná hloupost byla, že to byl poloautomat. Jinými slovy, oba jsme seděli na tomto vozidle a zřejmě jsem nechal spojku sejít příliš rychle, takže můj partner seděl na podlaze. No ano, v polovině první překážky. Pronajímatel nám řekl, že smíme jet jen do 50 kilometrů. Slyšeli jsme to a vydali se na cestu. Ale jelikož má tento ostrov tu nevýhodu, že na rozdíl od nás jste museli každou horu vyjet autem a zase dolů, tak jsme to udělali taky a těch 50 kilometrů bylo zapomenuto. Na vrcholu hory jsme si dali pauzu a sedli si do trávy. Pak Britta náhle řekla, že v nedalekém háji viděla něco oranžového. Najednou jsme vlezli pod plot a našli pomeranč, který byl při sklizni zřejmě přehlédnut. Samozřejmě jsme je hned vybrali. Když jsme ho oloupali, do nosu se nám dostala neuvěřitelně silná vůně, a především požitek z tohoto ovoce byl nepopsatelný. Pak jsme jeli dál, protože jsme moc chtěli na sousední horu do kláštera. Teď bylo poledne a slunce pěkně pražilo. Cesta nebyla zpevněná, byla to štěrková cesta. Přesto jsme pokračovali v cestě. Najednou jsem si všiml, že moped už nereaguje tak, jak jsem chtěl. Měli jsme "byt". Široko daleko nebylo nic. Vozidlo jsme tedy museli v největším horku dotlačit k další čerpací stanici, která byla bezpečně 5 kilometrů daleko. Pronajímateli jsme neřekli nic o tom, co se nám stalo, ale byl to pro nás oba zážitek. O několik dní později se v hotelu, ve kterém jsme bydleli, konalo safari v džípu. Pokud si pamatuji, bylo tam nejméně 10 džípů nacpaných jídlem a my jsme jeli napříč ostrovem ze severu na jih az východu na západ, až jsme dojeli do Elafonisi (Maledivy na Krétě). Ano, jídla jsme měli dost, od masa po salát, ale co chybělo, byly příbory. Ženy tedy šly k moři, myly si ruce a rukama připravovaly saláty. V každém případě to chutnalo dobře. O rok později, opět v červenci, jsme vyrazili na dovolenou na Lanzarote. Příliš se nám tam nelíbilo, jelikož se nám celý areál zdál velmi sterilní, koupat se v moři jsme také nemohli, voda byla velmi studená (Atlantický oceán). A zase o rok později než v červenci 2000 jsme se na pár dní ubytovali v penzionu ve Štýrsku, odkud jsme vyrazili na nějaké túry. Od té doby jsem neměl skoro žádnou dovolenou, kromě roku 2017 do Itálie za pár dní autobusem, což bylo samozřejmě víc vyčerpávající než letět letadlem.

Srpen 2000

Když jsme se v červenci 2000 vrátili z dovolené v Rakousku (3 dny – cesta do Rakouska), Britta mi řekla, že má bolesti břicha a že už má kvůli tomu schůzku s gynekologem. Po této schůzce mi okamžitě zavolala: Samozřejmě jsem měl obavy a ona řekla: Dobrá věc. Co to mělo být? Řekla, že budu tátou. Byl jsem ohromen, ale oba jsme to považovali za samozřejmost, že tu pro to dítě budeme. Téma potratů nebylo nikdy zmiňováno a bylo to dobré, alespoň v době, kdy jsem se o tom dozvěděl. Termín splatnosti byl stanoven na začátek března 2001. 24. února 2001, v sobotu, mě Britta ráno vzbudila a řekla, že nadešel čas. Pro svou práci jsem měl dodávku, která létala. Den předtím také docela sněžilo. Jeli jsme tedy asi 50 kilometrů do nemocnice bez topení v autě, protože to nešlo. Když dorazili do nemocnice, uvědomili si, že to bude chvíli trvat. Tak jsme se šli jen projít do sněhu v areálu. Večer jsem od ní odešel s prosbou, abych byl bez ohledu na denní dobu informován, zda přijede. Žádný hovor nepřišel, tak jsem jel do nemocnice v 8 hodin ráno na Masopust. Když jsem otevřel dveře jejího pokoje, pozdravila mě slovy: Překvapení! O chvíli později se dveře znovu otevřely a sestra ke mně přinesla mého syna.

Co si budu navždy pamatovat, byl okamžik, kdy jsem ho poprvé držel v rukou. Nepopsatelný.

Můj syn v 10 měsících

1990–1991 byt

Do té doby jsem bydlel v malém bytě, který jsem měl, když mi bylo 18 let. Jelikož ale správa nemovitosti a majitel bytového domu chtěli generální rekonstrukci domu, musel jsem se přestěhovat o patro níž do trochu většího bytu. Můj byt byl sloučen se sousedním bytem s příslibem, že se po dokončení prací mohu nastěhovat zpět do bytu o velikosti 70 metrů čtverečních. To bylo také dodrženo a v roce 1991 jsem se do tohoto bytu nastěhoval. Ale jelikož se moje závislost v průběhu let zhoršovala, což jsem si v té době nebyl vědom, zaostával jsem s platbami nájemného. Došlo to tedy, jak muselo, k vystěhovacímu obleku. Britta a já jsme hledali byt. To, co hledala, našla v inzerátu v novinách. Mezonet ve 2. obvodu s nájmem kolem 10 000 šilinků. Poukázal jsem na to, že si to nemohu dovolit, ale nebylo to nutně přijato. Byt ve 20. obvodu jsem proto vrátil bez oznámení o vystěhování a přestěhoval se do 2. obvodu. Ale jelikož se moje vášeň pro hraní nezlepšila, ale spíše zhoršila, byl jsem brzy postaven před stejný výsledek jako ve 20. okrese. Sám jsem tedy hledal Garcionerre ve 20. okrese, který bych si mohl dovolit.

<u>1980 – závislost</u>

Všechno to začalo v malém, vhodilo pár šilinků do automatu a možná jednou něco vyhrálo, ale to se hodilo rovnou zpátky do tohoto kýble, protože velký zisk se blíží. Trvalo mi asi 15 let, než jsem si uvědomil, že jsem závislý na hazardu. Moje partnerka Britta mě povzbuzovala, abych podstoupil terapii, ale také jsem musel přiznat, že jsem na tom závislý. Tak jsem hledal pomoc u Anonymních hráčů. 1x týdně probíhaly skupinové terapie a po domluvě individuální terapie. Individuální terapie ve mně vyvolala nervové zhroucení, protože jsem nikdy předtím nic podobného nezažil, zvláště když terapeut šel velmi hluboko. Skupinová terapie nebyla nutně úspěšná, protože jsem po sezení nasedl do auta a skončil znovu v pasáži. Takže jsem v této terapii neviděl žádný smysl. Zřejmě jsem v tomto ohledu musel udělat víc. Britta se mě zeptala na pokrok s touto terapií nebo jestli jsem přestal hrát. Na to odpovídám „ano", že bych přestal hrát. Pokud vím, byl to jediný případ za 20 let partnerství, kdy jsem jí lhal. Měl jsem ale také ve zvyku obratně se vyhýbat citlivým otázkám, zejména těm finančním. V té době jsem tedy neviděl žádné východisko a myšlenky na sebevraždu se přibližovaly a přibližovaly.

Června 2001 bankrot

Dne 15. února 2001, deset dní před narozením syna, jsem měl konkurzní řízení. Tomu předcházelo předložení mé vlastní iniciativy nebo mého obchodního porozumění. Mluvil jsem o tom se soudcem a byli jsme schopni dosáhnout kompenzace kolem 13,84 %, kterou jsme mohli nabídnout věřitelům. Tohoto jednání u obchodního soudu ve Vídni byli přítomni dva zástupci věřitelů z přibližně 20 věřitelů. Nabízená kvóta nebyla akceptována jak právníky ochranného sdružení, tak AKV. V polovině června 2001 mě obecní úřady 20. městské části požádaly o vrácení dvou živnostenských listů, které jsem vlastnil téměř 9 let. Důvodem bylo to, že jsem si časem nashromáždil docela dost dluhů. Udělal jsem to a byl jsem poté evidován jako nezaměstnaný. Můj otec, v té době již v důchodu, si opět koupil živnostenský list na velkoobchod s časopisy. A tak byznys šel dál,

ale to mi nezabránilo hrát, a především s tím
něco dělat.

2000 magistrát / finance

Kolem přelomu tisíciletí za mnou neustále
chodili moji zákazníci a žádali o potvrzení
svých příjmů. Jinými slovy, příslušné úřady
vyžadují při prodloužení nebo opětovném
předložení povolení k pobytu odpovídající
potvrzení o příjmu. Oficiálně se očekávalo, že
osoba žijící v Rakousku by měla mít
minimální příjem 700 EUR. Pro mě to bylo
snadné určit, protože tam byla pevná sleva a
maloobchodní cena. Tak jsem vám je napsal,
jestli je částka dostatečná a od magistrátu
jste dostali odpovídající papír. Žádný den
jsem nedostal peníze za vydání tohoto
papíru, alespoň ne do roku 2006. Pro mě byli
tito lidé také nezávislí obchodníci a také
museli převést částku, kterou jsem napsal, na
hodnotící kanál. Zda to skutečně praktikovali,
je mimo mé znalosti. To jsem ale definoval i
na vystavených papírech.

Března 2006 úmrtí mého otce

25. února 2006 k nám přijeli moji rodiče,
Britta, můj syn Gregor a já do Dolního

Rakouska. Můj partner ji pozval k 5. narozeninám mého syna. Po odchodu do důchodu v roce 1992 můj otec přibral asi deset kilo. Nebyl tlustý, ale jídlo si užil naplno. Syn to samozřejmě zjistil už v 5 letech, tak tátu na svačině bombardoval pečivem. Dědečku vezmi dort, já vím, že taky rád okusuješ. Za čtvrt hodiny přišel s koblihou a děda si ji vzal a jedl. Druhý den ráno v obchodě kolem 7 hodiny už tam byl otec jako obvykle. Nasedli jsme do auta a jeli k zákazníkovi. Na cestě mi řekl, že tu noc tak špatně spal. Navíc každou půlhodinu vstával na záchod s odpovídající bolestí na hrudi. Když jsme se o hodinu později vrátili do práce, naléhavě jsem ho požádal, aby se šel podívat k našemu lékaři ve stejné ulici. No ano, byla zima 26. února 2006 a otec šel k doktorovi s velkou nechutí jen ve svetru. Po hodině mi zazvonil telefon a byla řada na něm. Měl bych mu donést bundu k internistovi na ulici, protože rodinný lékař by ho okamžitě poslal k internistovi s podezřením na infarkt. Tato lékařka se tam nenechala odvézt na diagnostiku a okamžitě zavolala záchranku, aby je odvezla do nemocnice. Po příjezdu do nemocnice se podezření, které oba lékaři tušili, potvrdilo. Tam byl 11 dní kontrolován a 10. března v pátek propuštěn. 13. března ráno jsem jako vždy přišel do obchodu kolem 7. hodiny a táta už tam byl. Vzhledem k tomu, že první věc, kterou si ráno udělám, byla káva, udělal jsem to ten den taky. Mezitím jsem si všiml, že můj otec jde na záchod na chodbě. Jako obvykle jsem matce připravil kávu v prvním patře stejného domu a šel do zadní části obchodu na schodiště. Všiml jsem si, že na naší chodbové toaletě (neprůhledné sklo) svítí světlo a věděl jsem, že to může být jen můj otec, ale uplynulo 10 až 15 minut, když jsem ho viděl naposledy. Šel jsem pak do bytu svých rodičů a chvíli jsem si s ní povídal. Když jsem znovu prošel záchodem, světlo stále svítilo a vešlo do obchodu, ale nikdo tam nebyl. Šel jsem tedy znovu na záchod a zaklepal na okno, ale žádná reakce. Sousedka, která bydlela vedle, mezitím vyšla ze svého bytu. Ale protože na záchodě nebyla žádná reakce, nezbylo mi nic jiného, než rozbít loktem okno dveří. Vtom ho uviděl, jak už sedí opřený o zeď as krví z nosu. Soused hned zavolal záchranku a přinesl mi i oblečení na podlahu chodby, abych si ho mohl obléknout. Záchrana byla na místě celkem rychle a snažili se ho přivést zpět defibrilátorem, ale marně. Záchranka informovala lékaře, že by měl konstatovat smrt. Mezitím přijela i policie, kde u mrtvého stál muž, dokud nepřišel lékař. To přišlo asi po 3 hodinách. První z jeho otázek byla, zda existují nějaká nedávná zjištění, na která bych samozřejmě mohl odpovědět. Když si to prohlédl, řekl: S koktejlem to nebylo nic překvapivého a pondělní umírání ve Vídni bylo nepříznivé, protože máme dopravní zácpu. Kdybych nebyl ve smutku, nedokázal bych se nad takovými výroky ovládat. Co mě ale přesto dojalo, bylo to, že jsem to musel říct své matce, která byla v jejím bytě. A dalším problémem bylo informovat mého bratra, který byl asi 20 let bez kontaktu, že náš otec zemřel. S rodiči se pohádal kvůli dědictví, na které měl nárok. Ale do hodiny tam byl bez špatných slov. 24. března 2006 jsme ho nechali pohřbít na vídeňském ústředním hřbitově. Když pak byla rakev spuštěna, došlo ke mně rozhodující události. Po otci jsem toho zdědil hodně, včetně toho, že o problémech neumíme mluvit a že jsme se jim stále vyhýbali, teď už bylo pozdě.

Března 2006 vydírání

14. března jsem vrátil otcovy dva živnostenské listy odpovědnému magistrátu ve 20. obvodu. Už jsem v tomto ohledu znal

zacházení. 20. března mi zazvonil telefon a číslo bylo zadrženo. Na druhém konci byl muž, který mi neřekl jméno, i když jsem se v průběhu rozhovoru několikrát ptal. Řekl, že mám pokračovat v psaní potvrzení, která píšu od přelomu tisíciletí. Když jsem se zeptal, proč bych to měl dělat, řekl mi o okolnostech místa, kde můj syn vyrůstal, o kterých byste mohli vědět, pouze pokud jste tam byli. Třeba když dnes šel do školky a podobně. To mě samozřejmě naštvalo a vyhrožoval jsem mu. Jeho odpověď byla pouze, že po předchozím hovoru mi pošle cizince a já budu muset vystavit potvrzení. Musel bych si účtovat 10 EUR za jeden měsíc a 15 EUR za několik měsíců, které by pak tito lidé zaplatili. Ze začátku jsem to samozřejmě odmítal s argumentem, že už to nemůžu napsat, protože na živnost nemám nárok, ale postupem času byly informace o synovi, co dělá, čím dál tím reálnější a musel jsem předpokládat, že se zdržoval poblíž Gregora, což se o rok později prokázalo. V obci se zhruba 800 obyvateli a rozlohou 34 kilometrů čtverečních přirozeně přitahují cizí lidé pozornost, zejména když projíždějí před veřejnými budovami, jako je škola nebo školka. Teď jsem měla na výběr, že půjdu na policii a podám oznámení, pokud bude přijato, a synovi bude přidělena ochrana na týden nebo dva, a pak se musím třást, jestli toho muže něco napadne. Druhou možností bylo, abych to udělal po svém, což jsem si sám přečetl, abych to udělal bez ohledu na následky. Takže hovory přicházely několikrát týdně s potlačenými čísly a cizinci, které jsem znal jen částečně, dostávali potvrzení za úplatu. Když jsem se zeptal lidí, odkud mají kontakt, nedostal jsem žádné informace. Rozhodl jsem se tedy tyto lidi sledovat, ale alespoň na začátku to bylo beznadějné. Mezitím už byl podzim roku 2007, syn chodil do základní školy. V obci byl muž pozorován na různých místech, kde se předpokládalo, že jde o pedofila, neboť byl opakovaně viděn ve škole či školce. Ale to byla chyba, celé to bylo míněno na mě. Jeden pátek po škole, jako každý školní den, jel můj syn školním autobusem domů. Protože cesta asi 500 metrů od výjezdu do místa bydliště nebyla úplně vidět, najednou z vedlejší ulice přijelo auto, zastavilo u syna a otevřely se dveře spolujezdce. Promluvil na něj muž a chtěl mu dát bonbón. Můj syn jednou zareagoval a hned běžel směrem k domu, kde na něj čekal můj partner. Vozidlo viděla a také zavolala policii, ale dokud nepřijeli, byl řidič i přes slepou uličku přes hory. Když mi to syn řekl ten samý den, v pátek večer, mluvil jsem o tom s partnerkou a řekl jsem jí, že to není pedofil, to by platilo i pro mě, ale ona se držela pedofilní verze.

13. prosince 2006

Byl pátek a zase 13. Seděl jsem v obchodě, který měl dva východy, jeden do dvora domu a jeden do ulice. Psal jsem na svých programech, jako už dlouho, a podle toho jsem byl pohlcen. Najednou se ozvalo zaklepání na nádvoří, druhé dveře jsem zamkl. Bylo kolem poledne a předpokládalo se, že jde o domácí večírek. Když jsem otevřela dveře, stál tam muž asi 190 cm vysoký, upraveného vzhledu. Identifikoval se svým jménem a ID jako „oficiální ředitel" vídeňského finančního úřadu. Nyní řekl a v ruce držel papír formátu A4, že v ruce drží potvrzení, na kterém je razítko mé firmy a můj podpis. Tvrdil také, že byl vytištěn na obou stranách. Také se zeptal, jestli může přijít, což jsem neodmítl. Ale pak jsem musel jeho tvrzení okamžitě vyvrátit. Jednak jsem nikdy nedával z ruky oboustranně potištěné papíry a jednak jsem na taková písmena nedával razítko, které už bylo obsaženo v programu, který jsem napsal pro ně sám. Nikdy jsem neměl dopis, na kterém bylo toto tvrzení založeno. Nyní řekl, zda se může podívat do mého stojanu PC, což jsem neodmítl. Chtěl si také prohlédnout a vyfotit mé bankovní výpisy, které jsem měl na poličce za sebou, což jsem neodmítl, protože jsem si nebyl vědom žádné viny. Nyní si začal brát minuty. Když se zeptal, jak taková potvrzení o příjmu vznikají, kdy a proč, uzavřel návštěvu otázkou, co bych za to dostal, a myslel tím nejen peníze, ale i přírodní statky. Co mu mám teď odpovědět, protože jsem si mezitím uvědomil, že potřebuje svůj pocit úspěchu, a na druhou stranu jsem v tuto chvíli měl stále svého vyděrače, který mě dostal pod docela velký tlak. Odpověděl jsem tedy na jeho otázku odpovědí: Nic jsem na oplátku nedostal. Jeho reakce byla taková, že tomu nevěřil. V následujícím roce přišel do mého obchodu ještě dvakrát bez předchozího upozornění a hledal. Minule se ptal, zda si může vzít stojan PC s sebou na finanční úřad, což jsem po nějaké době na rozmyšlenou odpověděl kladně. Čas přemýšlet o tom, že by to nemuselo být nutně prospěšné pro počítač, ale samozřejmě jsem neměl co skrývat. Do dvou dnů jsem to měl zpět v provozuschopném stavu, ale neřekl mi, jestli se našlo něco nelegálního nebo ne. Zatím dobrý nebo ne. Na podzim 2007 pak byla „pozvánka" na finanční úřad ve 22. okrese. Tam mi nabídl výsledky své daňové kontroly, jak se tomu ve finanční němčině říká. Už mi naznačil, že mě bude muset ocenit, když mu neřeknu, co udělám pro vystavení výkazu zisku a ztráty, a tak jsme se dohodli na tomto názvu. Jeho odhad byl takový, že si myslel, že bych dostal 100 EUR za každé potvrzení, počínaje rokem 1998 až do roku 2008. To znamená příjem 40 000 EUR a náklady na „ubytování" mínus 50 %. Takže v jeho očích jsem si touto prací rok, co rok vydělal 20 000 €, což se projevilo i v odpovídající skromné dani z příjmu. Jedním šmahem jsem měl od finančního úřadu a zdravotní pojišťovny dvě pohledávky ve výši 6-ti místní částky, proti kterým jsem okamžitě reagoval odvoláním k tehdejšímu finančnímu senátu jako vyššímu orgánu finančních úřadů, dnes, pokud vím, je to finanční prokuratura. Všechna jmenování, a to bylo v té době 9 let, jednotlivé úřady odmítly nebo odmítly. Stát nebo jeho úředníci mají většinou pravdu, občan sotva. Co jsem však v tu chvíli nečekal, byla skutečnost, že tento oficiální ředitel to nepovažoval pouze za finanční delikt, ale i za porušení zákona. Po ukončení své prověrky v roce 2008 předal zkonstruovaná data, pro která nikdy nemohl poskytnout důkazy, vídeňskému státnímu zástupci za účelem kontroly nezákonnosti. Kromě mých schůzek v roce 2008, za roky 2006 až 2008, kdy jsem konečně dostal svého vyděrače, jsem za tyto 3 roky připravil přiznání k dani z příjmu v celkové výši 2 500 EUR v příjmech z přípravy výkazů příjmů, které mají nebyly dodnes brány v úvahu. V letech 1998 až 2005 včetně jsem kvůli této okolnosti neměl žádný příjem. Toto státní zastupitelství reagovalo i formou příslušných okresních soudů, kde jsem byl v letech 2009 až 2011 „vyzván" jako svědek ke zhruba 100 obsílkám. Postup tam byl vždy stejný. Základní náplň mých výslechů u příslušného soudu byla vždy stejná. Byl jsem dotázán, zda jsem tento papír vydal a samozřejmě proč. Vždy naproti mně seděl nějaký cizinec, kterého mimo jiné obvinil Městský odbor 35, že si s takovým potvrzením opatřil nebo zakoupil povolení k pobytu. Papír, na kterém byl tento proces založen, mi byl předložen a já jsem musel určit, zda jsem ho vydal nebo ne. 90 % z nich byly moje papíry, ale byly tam i padělky, což tvrdí generální ředitel. Obžalovaní cizinci, které jsem znal alespoň podle vzhledu, dostali, pokud byli skutečně uznáni vinnými, 2 měsíce až tři roky, podmíněně, ne více. Jak jsem již zmínil, v květnu 2008 jsem vyděrače konečně chytil tím, že jsem znovu sledoval domnělého kolportéra poté, co ode mě dostal potvrzení. S "mocnými" argumenty jsem tohoto muže prosil, aby okamžitě smazal moje číslo a už mi nikdy nevolal. Moc jsem tomu nedoufal, ale on to z jakéhokoli důvodu dodržel a už jsem ho nikdy neviděl ani neslyšel, ale také jsem si změnil číslo mobilního telefonu. Nikdy se mi nepodařilo zjistit, co z toho měl nebo ne. Na jaře roku 2010 jsem náhle obdržel doporučený dopis od vídeňského státního zástupce – vídeňského trestního soudu. V něm jsem byl požádán, abych se jako podezřelý dostavil na státní zastupitelství k výslechu. Sledoval jsem to a sedl si naproti státnímu zástupci. Byl jsem obviněn, že jsem vystavil výkazy příjmů, které nebyly v souladu se zákonem. Protože tento muž středního věku měl před sebou několik složek, prolistoval je a zeptal se mě, zda zná jméno, které tam čte, a především, jak takové papíry vznikaly. Poté jsem jeho dotazy potvrdil, ale požádal jsem ho, aby mi ukázal potvrzení, kde jsem opět poznal asi 10 % padělků, které také viděl. Pokud si pamatuji, byl s ním letos podruhé. Celé to byl pouze výslech obviněného ze strany státního zástupce. Na jaře 2011 jsem dostal další doporučený dopis, tentokrát však od vídeňského trestního soudu, kam jsem měl jako obžalovaný jít. Setkal jsem se tam se soudcem, státním zástupcem, kterého jsem už znal, a mým veřejným obhájcem, který si při mém prvním setkání s ním stěžoval, že musí pro soudní řízení přečíst 6000 stran soudních dokumentů. Nyní došlo na toto vyjednávání, kde přirozeně všechny strany kladly otázky. Otázka, zda jsem za toto vydání novin dostal peníze, byla druhořadá, stejně jako při výslechu u státního zástupce. Podařilo se mi svými odpověďmi a argumenty co nejlépe přesvědčit soudce. Můj právník byl zdrženlivější, jen vykopal precedens, který měl s mým obviněním velmi málo společného. Prokurátor byl trochu vytrvalejší a kladl spíše svižné otázky. Výsledkem tohoto procesu bylo, že soudce vyhlásil verdikt, 24 měsíců vězení, tedy žádné vězení. Po vynesení rozsudku mě poučil o mém rozhodnutí o něm; Pro okamžité přijetí rozsudku, 3 dny na zvážení nebo okamžité odvolání. To jsem opravdu nečekal, protože jsem předpokládal, že mohu od soudu odejít jako svobodný a nevinný. Tak jsem se podíval na svého obhájce a ukázal mu 3 prsty na 3 dny, aby si to rozmyslel. Ale když státní zástupce viděl mé váhání, řekl, že se odvolá nebo podnikne právní kroky. V únoru 2012 se konalo druhé jednání u Vrchního zemského soudu ve Vídni, kde jsem předpokládal, že verdikt bude v můj prospěch. Vstoupil jsem tedy v předepsanou dobu do soudní síně a našel jsem soudcovský senát. Při kontrole mých údajů se mnou jeden ze soudců promluvil: Rozsudek vídeňského trestního soudu bude změněn na 16 měsíců podmíněně a 8 měsíců nepodmíněně. Moje reakce na to: To nemůže být ono! Soudce řekl: Pokud jste rozsudku nerozuměl, budete muset být 8 měsíců ve vazbě. Pro mě se zhroutil svět. Na jednu stranu jsem ty papíry vydával v dobré víře, dokud mě nevydírali, na druhou stranu jsem chtěl ochránit svého syna, který šel špatně do kalhot. Téměř nikdy jsem neměl finanční výhodu a byl za to potrestán. Samozřejmě jsem se ptal svého právníka, co se v tomto ohledu dá ještě dělat, ale musel jsem si uvědomit, že proti tomuto rozsudku není odvolání, pouze petice. Okamžitě mi ale nedal naději, že by se na tomto rozhodnutí vrchního krajského soudu v důsledku takového návrhu něco změnilo. Ale požádal jsem ho, aby to udělal. Ale také to bylo neúspěšné. Dostal jsem tedy dopis od soudu, kde jsem musel být nejpozději do 10.

dubna 2012 ve věznici Simmering, aby mi nastoupil 8měsíční trest odnětí svobody.

2006 až 2011 vše o péči

Když můj otec v březnu 2006 zemřel, jak již bylo zmíněno, znovu jsem čelil vystěhování z mého Garcionerre ve 20. okrese. Nyní po smrti manžela byla moje matka úplně sama a po téměř 53 letech manželství mi byla odstraněna střecha nad hlavou, takže nezbylo než se nastěhovat do bytu 75 m2 s argumentem na z mé strany, abych jí poskytl vzájemný dohled, protože byla po smrti docela v depresi. Nedokázal jsem tehdy říct, jestli moje rozhodnutí bylo správné nebo ne, a to už měla 2 rány za sebou. V době, kdy její manžel zemřel, vážila kolem 80 kilo, nebyla tlustá, ale podsaditá. První rok s ní v bytě byl docela dobrý, chodili jsme na nákupy, k doktorovi i na vyšetření. V tuto chvíli musela kvůli předchozím onemocněním užívat asi 10 tablet denně. Mezi ně patřilo psychofarmakum, kde jsem pro recept musel pokaždé jít spíše k neurologovi než k rodinnému lékaři. Myslím, že to bylo předepsané, protože měla čím dál větší depresi. Také by se řeklo, že jsem svou práci dělal ve stejném domě, odděleném pouze dvorem. To znamená, že jsem byl v přízemí a ona v bytě v prvním patře. Ve druhém roce se její stav začal rapidně zhoršovat, jedla stále méně a nechtěla chodit ven. Vzpomínám si na jeden díl, kdy jsme my dva nakupovali v potravinách asi 300 metrů a ona nemohla jít dál, když nákup zaplatila. Tak jsem ji posadil v obchodě, běžel těch 300 metrů zpět do obchodu a přinesl svůj tobogán, který jsem měl roky, zavezl ho do obchodu, s velkou nechutí ho položil na tobogán a odvezl domů. Bylo mi jedno, jak to vypadá. Ty ne nutně. Celé to vypadalo tak, že jsem s ní strávil v bytě od pondělí do pátku a v pátek večer jsem jel za svou rodinou do Dolního Rakouska, Gregorem a Brittou. Ale protože by o víkendu neměla být nutně sama, přišel v sobotu na dvě až tři hodiny můj bratr a téměř pokaždé se to změnilo ve frašku. Jednou mi volal, protože nemohl najít léky, jindy kvůli nějaké triviálnosti. To znamená, že ani v tomto ohledu mi moc nepomohl. Od té doby, co se ale přidaly narůstající deprese, paranoia a demence, byla péče o její osobu stále obtížnější, tedy 24hodinová péče byla plně využita. Přes den, protože už neměla pojem o čase, spala a v noci, když jsem chtěl spát ve vedlejším pokoji, strašila v bytě. Ani jsem ji nemusel o půlnoci nebo později vyzvednout v obýváku a uložit ji zpět do postele. Navíc už neměla přehled o tom, jaké věci do domácnosti má. Stalo se, že v 11 hodin dopoledne stála na balkóně a hlasitě volala moje jméno, protože stála, Petře, potřebovala alespoň dvě tuby zubní pasty. Pak jsem přišel na nádvoří, viděl jsem ji divoce gestikulovat na balkóně a řekl jsem, že by se měla podívat do krabice, pokud vím, bylo tam minimálně 10 tub zubní pasty. Jediné, co řekla, bylo, že ona bude vědět, co potřebuje, a ne já. Takže jsem jí musel okamžitě a okamžitě koupit ty 11 a 12 trubice. Nikdy jsem to nedělal, že jsem šel nakupovat. Jediný čas, kdy jsem musel dýchat, byly chvíle, kdy přicházela z jedné nemocnice do druhé, takže jsem ji musel navštívit jen asi na hodinu, protože už tam nic nebylo. Bylo pro mě čím dál těžší s ní mluvit, protože neviděla žádnou perspektivu. V jednotlivých nemocnicích myslím „navštívila" skoro všechny nemocnice ve Vídni, ale nechali si je maximálně 10 dní, protože fyzicky nic nenašli a co se týče psychiky, nikdo nedokázal pomoci. její. Nyní můj drahý bratr, s nímž jsem, jak jsem řekl, nebyl asi 20 let v kontaktu, přišel na skvělý nápad zbavit jeho matku. Za tímto účelem se obrátil na příslušný okresní soud a podal žádost. Můj názor na to byl takový, že je určitě stále příčetná, i když už byla na dobré cestě k šílenství. Jednoho večera se tedy po předchozím upozornění do našeho bytu dostavil právník okresního soudu. Přítomna byla moje matka a my dva synové. Na začátku položil své otázky mé matce, která na ně odpověděla správně, ale pak můj bratr, který žádost podal, dostal od tohoto právníka poměrně solidní pokyn. Řekl, že žena je plně při smyslech a proč žádost podal, na což samozřejmě nedokázal odpovědět. Tato žádost byla proto zamítnuta. Až do této chvíle byl můj vztah s mým bratrem stále poměrně slušně vychovaný a věcný. Poté to bylo horší a horší, až po fyzické útoky z jeho strany v přítomnosti naší matky. V září 2010 přes den znovu chodila po bytě a upadla v obývacím pokoji. V tu dobu jsem byl zrovna venku. V té době měla asi 4 roky 3x denně výpomoc v domácnosti, protože jsem tam nebyl pořád a výsledkem byl trezor na klíče u vchodu do bytu, protože se samozřejmě využívala i domácí pomoc a záchranná služba. Navíc měla náramek s nouzovým tlačítkem, který mohla v případě potřeby použít. Ten den tedy přišla záchrana, která mi také oznámila, že se mé matce něco stalo, a také vstoupili pomocí trezoru na klíče. Poté ji převezli do nemocnice, kde se zjistilo, že měla při pádu v bytě provrtané žebro do plic. Nyní jel znovu do nejbližší nemocnice a mluvil s vedoucím lékařem oddělení. Zeptala se mě, jestli se o matku po propuštění bude starat 24 hodin denně. Na tuto otázku jsem ale musel odpovědět ne, protože jsem byl nejen kvůli tomu, ale i kvůli své závislosti fyzicky i psychicky vyčerpaný. Muselo by se předem poslat, že hned po smrti mého otce v březnu 2006 pro ni můj bratr požádal o místo v domově pro seniory. Bylo by pro něj snazší vidět ji v domě o měsíc později. Když jsem asi po 2 letech dostal příslib pro domov ve 20. okrsku, znal jsem tento dům zvenčí i zevnitř a mučila mě rozhodnutím, co dělat: do domova nebo ne. V tomto ohledu je třeba poznamenat, že tento dům byl v jednom z jejich známých prostředí, a protože na místě není dlouho, je také velmi krásný. Můj argument byl, že to bude její vlastní rozhodnutí a že jí nebudu radit ani radit proti. Můj bratr ji samozřejmě okamžitě přemluvil, aby zaujala místo. Po několika týdnech a měsících odmítla. Nyní, jak jsem řekl, byla v nemocnici a magistrát ve Vídni hledal místo v pečovatelském domě, který získala koncem roku 2010 v nově otevřeném domově ve 22. obvodu. Tam v 8. patře s výtahem dostala pokoj o velikosti asi 20 metrů čtverečních. Pokud jsem mohl soudit, byla v té době jedna z nejmladších, bylo jí 78 let. Vedle místností byla společenská místnost, kde se vězni scházeli, aby klábosili nebo hráli hry. Pamatuji si, jak jsem několikrát řekl, že by měla odejít ze svého pokoje a promluvit si s ostatními. Ale její paranoia nebo demence byla tak daleko, že nechtěla být mezi lidmi, protože by jí mohli něco udělat, jak jsem od ní musel slyšet v různých nemocnicích, když viděla lidi s bílým pláštěm a kteří chtěli něco jí. Nepřipustila můj argument, že jde pouze o zdravotníky, kteří jí chtějí pomoci. 2. března 2011 jsem k ní téměř každý den chodila na návštěvu. Toho dne byla stěží dostupná, ani jsem s ní nemohl mluvit. Když jsem jel domů, měl jsem své předtuchy. V noci jsem si jako obvykle vypnul mobil. Ráno, když jsem to znovu zapnul, viděl jsem SMS z domova. Moje předtucha se potvrdila, tu noc klidně usnula v náručí sestřičky. Nyní jsme pohřbili naši matku ve stejném hrobě, kde byl můj otec. Byl jsem teď sám v bytě o rozloze 75 metrů čtverečních se svými věcmi a nájemným těsně pod 500 EUR.

Květen 2011 Neocathomenat

Můj vztah s mámou nebyl zrovna takový, jaký jsem tehdy měl, ale byla tu pro mě i v dětství, i když jen v omezené míře. Takže jsem měl trochu dilema, pokud jde o ni. Jednoho krásného jarního dne na začátku května jsem se jednu neděli ve starých šatech procházel podél Dunajského kanálu, pak jsem si sedl na lavičku a začal psát do mobilu. Vzhledem k tomu, že jsem již v tuto chvíli měl velmi omezený zrak kvůli rostoucímu šedému zákalu, neviděl jsem příliš mnoho. Najednou slunce, které mi svítilo do tváře, potemnělo. Když jsem vzhlédl, byli přede mnou dva lidé, které jsem sotva rozeznal. Jedna žena se mě zeptala, jestli věřím v Boha poté, co jsem se představila jako Anna. Představila i druhou dámu, ale nepamatuji si její jméno. To by se muselo poslat předem, že bych se takové diskuzi kdykoliv vyhnul. Tato otázka, na kterou zde nechci odpovídat, vyústila v půlhodinový rozhovor a na konci mi řekl: Pozvu vás příští sobotu večer ve 20 hodin. Zapíšu si na vás Wolfgangovo telefonní číslo, pokud by se mezitím něco objevilo. Co to bylo? Pozvou mě dvě ženy, které byly o dobrých 10 let starší než já. Také mi řekli, že jsou novokatolíci, součást katolické církve a ne sekta. Dobře, teď jsem měl telefonní číslo od jistého Wolfganga a pozvánku. co to má být? Nyní jsem každý večer ležel v posteli a přemýšlel o tomto pozvání. Tak přišla tato sobota a já si myslel, že mám peníze jako nikdo a samozřejmě mě zajímalo, co to je. Takže jsem jako obvykle odešel z domova dříve a dorazil jsem tam ve 20. obvodu v 19:30. Když jsem vešel do sálu, kde se to celé mělo odehrát, uviděl jsem na druhém konci místnosti muže, který připravoval skládací židle. Když mě uviděl u dveří, přišel ke mně, natáhl ruku a řekl, že je Wolfgang. Teprve potom jsem si uvědomil, že to musí být kněz, protože byl od shora dolů oblečený v černém. Když se pak zeptal na mé jméno, byl jsem trochu zmatený, začal jsem koktat a řekl: Jmenuji se Eduard. Tohle jméno mi chvíli zůstalo, dokud se mi ho nepodařilo přesvědčit, aby mi říkal Edi. Zeptal se také, zda bych mu mohl pomoci nastavit křesla, což jsem samozřejmě ochotně udělal. Teď bylo skoro 20 hodin a čekal jsem, že se objeví nějací starší lidé, těch asi 20 křesel bylo hotových, a tak jsem si na jedno z nich sedl. Pak se otevřely druhé dveře pokoje a dovnitř vešla asi 16letá dívka s kytarou na zádech. Postupem času se místnost zaplnila a já zjistil, že jsem jeden z nejstarších. Když to celé krátce po 20. hodině začalo, samozřejmě jsem se musel představit, což jsem nikdy předtím nedělal rád. Pak se ukázalo, že šlo o eucharistii se dvěma čteními a evangeliem z Bible. Pořád jsem měl v hlavě, že mě moje babička, která byla katolička, během mých školních let často stěhovala na mše do katolického kostela a už tehdy jsem si myslel, že to není nic pro mě, všichni ti staří lidé, kteří se modlí a znovu pokleknout a modlit se. Bylo to ale trochu jiné a nejen účastníci. Dvě čtení z Bible si jednotliví účastníci připravili a četli sami. Wolfgang, který se vylíčil jako kněz, pouze předsedal a musel číst evangelium a poté všechna čtení analyzovat v kázání. I my, všichni účastníci, jsme mohli dobrovolně oznámit, co by nám příslušné čtení řeklo. Také se mi líbilo, že kytara nebyla jen na pohled, ale že se mezi jednotlivými čteními vždy intonovala písnička a všichni jsme zpívali s ní. To bylo dokončeno kolem 22:00 a bylo mi oznámeno, že příští úterý ve 20:00 bude bohoslužba slov. Poté, co jsem mi slíbil tento druh veletrhu, jsem se v úterý vrátil. Stal jsem se pak bratrem tehdejší 10. komunity v Neokathomenatu, kterou jsem také sedm let praktikoval a která mi osobně hodně přinesla. Postup v této komunitě byl vždy stejný, 3 až 4 lidé z této skupiny museli u některého ze 3 až 4 lidí doma několik dní předem připravit příslušnou liturgii nebo eucharistii a v ten den ji pak přednést. Nebylo vždy snadné najít dostatek lidí, kteří by se mohli zúčastnit. Měli jsme také komunitní neděli každý jeden nebo dva měsíce a asi dvakrát ročně komunitní víkend v hotelu v Dolním Rakousku. Když jsem do této komunity v květnu 2011 přišel, existovala teprve půl roku. Jinými slovy, moc jste se neznali, ale to se v průběhu let změnilo, protože jste se pořád připravovali s někým jiným a viděli tak prostředí, ve kterém se pohyboval. V té době jsem se spřátelila se dvěma sestrami, Marií a Giadou. Maria se narodila v Polsku a studovala v Rakousku, Giada byla mladá výměnná studentka z Capri / Itálie, kolem 20 let. S oběma jsem toho udělal hodně, ale Giada se musela v létě 2012 vrátit do Itálie, když už mluvila perfektně německy. S Marií mě spojovalo to, že se oddávala mé závislosti stejně jako já, jen ne tak přehnaně.

Dubna 2012 trest vězení

A tak jsem 10. dubna jel se svými věcmi do 11. obvodu, abych nastoupil do vězení, protože jich bylo stále méně a méně. Předcházelo tomu, že o dva měsíce dříve jsem měl na krku další vystěhovací oblek s datem provedení 10.5.2012. Takže jsem měl málo času na vyklizení bytu ve 20. obvodu. Maria a moje kolegyně, za kterou přijdu později, mi velmi pomohly, protože jsem byl v té době ve vazbě. Když jsem se dostal na záchytnou stanici, byl jsem důkladně prohledán a poté umístěn na uzavřené oddělení do cely asi 10 metrů čtverečních po dvojicích. Na začátku jsem byl poučen, co mám a co nemám dělat, a také jsem byl informován, které oddělení tam je. Přes den byla na nádvoří jen hodinová procházka, pokud počasí dovolilo. První dva měsíce jsem měl samozřejmě času dost, mluvit se spoluvězněm nebylo vždy jednoduché, a tak jsem si vzal Bibli a četl ji od začátku do konce i přes šedý zákal. Po dvou měsících jsem byl přeřazen do uvolněného vězeňského systému, kde se dalo pracovat v detenčním ústavu. V místnosti bylo 6 až 10 lidí, kteří pracovali na různých odděleních. Ale jelikož jsem člověk, který si užívá svobody, nechal jsem se zase přenést a skončil pod širým nebem. To znamená vstávat ve 4:30 a jet z 11. okrsku do kasáren ve 14. okrsku, kde jsem byl s dalšími vězni přidělen na zahradničení. Protože v červenci 2012 nebylo zrovna příjemné stát celý den na sluníčku, toužili jsme po konci práce v 16 hodin. Poté jsme museli být zpátky v záchytném centru přesně do 18:00. Společenstvo, do kterého jsem vstoupil před rokem, mi během té doby poskytlo obrovskou podporu. To se projevilo tím, že každý den mé návštěvy mě navštěvovali tři moji současní sourozenci a poskytovali mi útěchu. Vzhledem k tomu, že jsem měl také možnost strávit víkend mimo ústav s venkovním oddělením, mohl jsem se mimo jiné zúčastnit komunitní neděle. Zde bylo také nutné poznamenat, že všichni moji příbuzní, včetně některých v podobě 4 bratranců a sestřenice a tety a strýce, se neukázali během návštěvních hodin, o bratrovi nechci ani mluvit, protože věděl, že sedím. Navíc moje sestra Maria na mě hodně tlačila, abych se usmířil s rodiči, protože jsem ji sváděl provinile za to, kde jsem teď. Tak se to stalo v neděli ráno, kdy mi bylo dovoleno jít na tento rozhovor v 8 hodin. No ano, oba byli mrtví, co si mám povídat s kameny. Ale protože hřbitov byl blízko vazební věznice, vystoupil jsem z tramvaje a šel ke hrobu. Nejdřív jsem nevěděl, co říct, ale pak si myslím, že jsem s nimi mluvil asi půl hodiny a skončilo to tak, že mi po tvářích tekly slzy. Když jsem se vrátil do tramvaje, cítil jsem se o 10 kilo lehčí. Od té doby jsem se s rodiči smířil, i když to byly jen kameny a z mých rtů se opět ozve zlé slovo o mých rodičích, nemám na to nárok, měl bych to udělat lépe, ale zdá se, že se mi to nepodařilo buď, alespoň doteď. Jednou ráno, když jsem jel zpátky do baráku do práce, se mi stala nehoda. Měli jsme možnost stravování v kasárnách. To znamená, že jsme se mohli nasnídat, naobědvat a tu a tam jídlo ve formě plechovek na večer. No, šel jsem, jako obvykle, snídat v 6:30 a sníst vydatný čerstvý rohlík. Najednou jsem si všiml, že mám uprostřed zlomený horní chrup. Večer ve vazbě jsem tedy zařídil povolení návštěvy zubaře, protože mi nebylo dáno sousto. Dostal jsem to taky a musel jsem ten den zůstat v ústavu. Předem je třeba zaslat, že jsem po dobu zadržení nebyl nemocensky pojištěn a že náklady na případnou léčbu byly hrazeny z rozpočtu justice. Tak jsem přišel k zubaři, který nebyl nutně nejlepší, ale který si hodně účtoval justici za opravu mých zubů. Za tu dobu, co jsem to už zaregistroval, se mi šedý zákal zhoršil natolik, že jsem nakonec viděl jen na 2 %. To znamená, že jsem se musel pomocí nohou zachytit obrubníku. Mylně jsem předpokládal, že tuto operaci lze provést i ve vazbě, ale dva dny po propuštění z vazby 12. prosince jsem měl na operaci pravé oko a o týden později druhé.

Propuštěno 10. prosince 2012

Toho dne jsem byl propuštěn a nyní jsem stál na ulici s asi 700,- € s vidinou 2 % a mým ubohým majetkem a bez střechy nad hlavou. Ale protože mi bratr jménem Werner nabídl, že se během mého pobytu ve vazbě přestěhuje do jeho kabinetu v 8. obvodu, rád jsem přijal. Řekl jen, dokud jsem něco nenašel. Vzhledem k tomu, že jsem měl nyní v kapse příliš mnoho peněz, přirozeně mě to svrbělo, během zadržení jsem takový vzhled neměl, i když by to asi vycházelo z doby. Tak se stalo, jak muselo, pokračoval jsem ve hře a po chvíli se mě bratr Werner zeptal, jak daleko pokročilo moje hledání bytu. Poté, co viděl, že jsem do toho nevložil příliš mnoho elánu, mi právem dal ultimátum. I to jsem nechal projít, a proto jsem musel požádat magistrát ve Vídni o azyl pro bezdomovce, který jsem také dostal v 16. obvodu spolu s druhým v místnosti 20 metrů čtverečních. Podle mých představ jsem si představoval, že za to nebudeš muset nic platit, ale to byl omyl. Částka za pronájem určitě ne, ale alespoň to bylo 160 EUR, které jsem mohl zaplatit na začátku. To už ale postupem času nebylo možné. Navzdory sociálním poradcům mě byli nuceni vystěhovat z domu. Co teď? Můj zaměstnavatel a kamarád Kamal mi tedy nabídli, že mě ubytují ve sklepě svého podniku, bez toalety a vody, protože rok už byl pokročilý a zima za dveřmi, musel jsem to přijmout, samozřejmě bez vědomí toho druhého. domácí večírky. Nebyl jsem tam dole sám, měl jsem i domácí mazlíčky v podobě myší, kteří mi ve chvílích, kdy jsem spal, běhali po obličeji. To byla asi doba, kdy jsem alespoň jednou týdně přemýšlel, pro co žiju. Nic jsem nedosáhl, naopak jsem všechno pokazil, v 11 letech jsem musel synovi lhát, že musím pracovat v Berlíně, a proto jsem mu z vězení volal jen jednou týdně. Moje sebevražedné myšlenky byly už tehdy velmi extrémní. O celé té bídě samozřejmě věděli i moji bratři a sestry v komunitě, ale ani oni mi nedokázali pomoci, i když to sahalo až ke katechetovi.

24. prosince 2014 konec

Teď byly Vánoce, takové jako v minulých letech. Spal jsem ve sklepě, měl s sebou domácí mazlíčky a 20 € v peněžence. Bylo tam ještě pár potravin, protože jsem postupem času dokázal vyžít za 6 € na den za jídlo a kouření. No, co uděláte s těmito penězi, jdete do nejbližší herny a částka byla pryč. V tuto chvíli bylo na magistrátu Vídně rozhodnuto, že malá hazardní hra bude od 1. ledna 2015 ukončena. Znamená to, že všechny stroje, které jsem krmil přes 30 let, byly odstaveny, ale pouze ve Vídni, a ne v Dolním Rakousku. No, přišel nový rok, ve Vídni už nebyly žádné stroje a peníze byly zpátky v kapse. Teď jsem měl možnost nasednout na vlak, dojet na předměstí Vídně a dál jíst tyto kýble. Ale nebylo tomu tak, proč si to dodnes neumím vysvětlit, ale každopádně to určitě nebudu zpochybňovat. Jinými slovy, po dobrých 30 letech a z toho plynoucích potížích jsem se z této závislosti 24.12.2014 vyléčil. Od toho dne jsem se už nikdy nedotkl stroje. Samozřejmě jsem nedokázal odpovědět, co jsem v průběhu času prohrál, ale předpokládám, že to byla určitě 7místná částka. Jinými slovy, svou prací jsem zaplatil daně ze zisku a daň z obratu, a to ne příliš vzácné, alespoň z mé strany, ale nedokážu posoudit, zda to skončilo u příslušných úřadů, jako je finanční úřad a obec. Zajímavé bylo, že když jsem měl v roce 2012 nucený pobyt, nemusel jsem hrát a na svobodě sotva, šlo to znovu. Jak to teď probíhalo? V únoru 2015 jsem znovu hledal místo v útulku pro bezdomovce a hned jsem ho získal v 16. obvodu. Nyní se vše odehrálo v rychlém sledu. Sociální pracovnice, která se o mě starala, na mě vyvíjela velký tlak, aby mi byl přidělen komunitní byt. Poplatek za místo v € 160,- již nebyl problém, takže byly placeny pravidelně. Jelikož jsem již v lednu 2013 předložil komunitní byt, moc jsem nedoufal, že to tentokrát vyjde. V roce 2013 mě požádali, abych potvrdil svou registraci a nájemní smlouvy za poslední tři roky. Potvrzení o registraci jsem mohl splnit, ale samozřejmě jsem nemohl poskytnout nájemní smlouvu. Nepomohl ani argument, že jsem rakouský občan a narodil jsem se ve Vídni. Byl jsem tehdy tak rozzuřený, že jsem se nechal unést tím, že toto negativní upozornění by mi mělo být vystaveno, protože tento papír potřebuji na konkrétní místo. Tak zase zpátky. Sociální pracovnice v tomto domově mě požádala, abych tam v domě měsíc po měsíci složil určitou částku, abych měl peníze na byt, až odejdu z domova. 1. července 2015 jsem dostal malý byt o 36 metrech čtverečních ve 20. obvodu, kde bydlím dodnes. Jelikož jsem ale neměl téměř žádný nábytek, musel jsem vše od vestavěných kuchyní až po skříně pořídit.

Jelikož je byt v 5. patře, pomohla mi spolubydlící z útulku pro bezdomovce. Co se dělo, závislost na hazardu byla pryč, měl jsem vlastní byt, kde dodnes nejsou žádné nedoplatky na nájemném, a především jsem měl najednou v peněžence více než 10 eur. Byl to úžasný pocit a zatím se nic nezměnilo. Jinými slovy, přivedl jsem se k životu, co to bylo, když jsem byl hráčem, k tomu bych to nutně nepřiřazoval.

Února 2016 normální život

Začátkem roku 2016 se mi do schránky třepotala pohlednice. Přečetl jsem si to a zjistil jsem, že se jedná o online portál, kde se můžete zdarma zaregistrovat. Když to bylo zdarma, udělal jsem to taky. Celé to byly webové stránky s dobrou stovkou různých skupin, podle jejich zájmů. Vzhledem k tomu, že jsem byl vždy zvědavec, podíval jsem se na skupiny a našel jsem asi 4 až 5 skupin, které se mnou mluvily. U dvou z nich jsem nastavil aktivity na kluby 50+ a 60+, což také odpovídalo věku členů. Nyní Helmut, admin skupiny 60+ Treff, organizoval návštěvy restaurací každé dva týdny v 18 hodin večer. Pokaždé v jiné restauraci. Vzhledem k tomu, že jsem nic takového ze své minulosti neznal, bylo pro mě potěšením se tam vždy dobře najíst a asi 3 až 4 hodiny klábosit s těmi 8 až 10 lidmi, kteří tam byli. Druhá skupina, 50+, pro mě byla od začátku výzvou. Pak admin napsal, zapomněl jsem jméno, opět každé 2 týdny v pátek večer v 18:00 sraz ve stánku na tržnici ve 3. obvodu. V této skupině však nebyla pozornost zaměřena na jídlo, ale mnohem více na společnost. Jelikož však tato setkání nebyla optimálně organizována, přišla na tato setkání jen hrstka, ale o moc víc se nedalo, na víc na tomto stánku nebylo dost místa. Mnohem přesněji to dělal admin Helmut ze skupiny 60+ Treff až do své smrti v roce 2019. Na obě schůzky jsem s sebou vždy bral kamaráda Romana, protože byl v té době single, ale vrátím se k němu později. Jak jsem řekl, ve skupině 50+ se toho moc nedělo, a tak jsem se chopil iniciativy a každé 2 týdny jsem prostřednictvím této skupiny zpřístupnil schůzky online. Skupina měla v té době kolem 100 členů, a tak jsem na portálu inzeroval setkání v jídelně, a ne ve stánkovém bufetu. Na začátku bylo z této skupiny možná 7 až 8 lidí a hlavní pozornost samozřejmě nebyla na jídlo, ale na konverzaci a rozhovory. Bylo zajímavé, že u každého z nich bylo konzistentně každé 2 týdny přítomno více žen než mužů. To znamená, že občas se stalo, že jsme byli s Romanem jediní muži. Ale poté, co jsem se rád obklopoval ženami, což pro mě byla také nová zkušenost, jsem ženy podle toho přijal. To znamená líbání vlevo a vpravo, kde jsem si pak uvědomil, že to mělo dopad na následnou kvalitu rozhovoru. Ze začátku to bylo trochu těžkopádné, ale postupem času na tato setkání přicházeli další a další. Počet členů této skupiny také neustále stoupal, až do konce s dobrými 500 členy. Vzhledem k tomu, že jsem nebyl adminem této skupiny, došlo samozřejmě k nevraživosti vůči ostatním členům této skupiny, mimo jiné s argumentem, že se jedná o partnerskou výměnu, což jsem opět umístil na web s odpovídajícími komentáři. V roce 2018 a 2019 jsem měl představu, že se nemusí nutně chodit do hospody, ale že existuje i kultura a lehký sport. Tato setkání nebyla nutně členy přijata. Byl to kabaret, bowling, kulečník nebo minigolf, takže žádné přepychové věci. Na taková setkání přišlo asi jen 5 až 6 lidí, tak jsem se vrátil na místní setkání. Když v roce 2020 přišla pandemie, v únoru jsme měli poslední setkání ve 3. obvodu. O několik měsíců později mě Pamela informovala, že na webu už nemůže najít skupinu 50+ Treff. Ale protože se taková setkání nemohla konat s uzamčením a jinými omezeními, nevšiml jsem si této skutečnosti. Prozkoumal jsem to a zjistil jsem, že jak skupina 60+ Treff, která však po smrti admina nevyvíjela žádnou činnost, tak skupina 50+ Treff a její členové byli z této stránky odstraněni. Pozadí bylo, a to se ukázalo nějakou dobu předem, že software (údajně Ubuntu) za ním spadl a přes tento web byl nainstalován nový software. Jelikož si nyní říkám programátor, napsal jsem asi dvakrát této firmě, majitelům těchto stránek, co by se tam stalo. Odpovědí bylo, že některé staré skupiny již nelze obnovit. Samozřejmě jsem také uvedl, že by se to dalo velmi dobře udělat, ale také s enormním vynaložením času, protože data musí být dostupná, stačí si je přečíst a přidat na nový portál.

Taneční akce na podzim 2015

Můj kamarád Roman, kterého jsem znala řadu let, se mě jednou zeptal, zda bychom mohli jít v sobotu tančit do Svazu důchodců ve Vídni, což jsme tehdy udělali. A tak jsme každou sobotu večer chodili tančit buď do 2. okrsku nebo do 20. okrsku, dokud nepřišla pandemie v roce 2020 a samozřejmě už žádné akce nebyly. V té době jsem ještě nebyl důchodce, ale co čert, líbilo se mi to, i když nejsem profesionální tanečník (beznadějný případ).

Rodina

No jo, to jsem měl asi tak 10 až 11 let, ale když jsem šel na internát, tak se ten vztah musel zhoršit, protože tam, ať jsem chtěl nebo ne, musel 90 % svých rozhodnutí dělat sám. Při tom mi sotva kdo poradil. Zda bych to přijal nebo ne, je také otázkou. V dětství jsem měl o víkendech dobrý vztah se svými 3 bratranci, kteří jsou o něco mladší než já, se čtvrtým jsem byl v kontaktu pouze dvakrát, na jejich vlastní žádost. To znamená, že jsem ty 3 dívky v 11. okrsku viděl skoro každý víkend. Co se týče mého bratra, byli jsme asi 16 let jedno srdce a jedna duše. To se změnilo, když řekl, že teď musí mít ženu. Když mu bylo kolem 30 až 35 let, požadoval v mé přítomnosti v Dolním Rakousku po rodičích své dědictví v hotovosti. Pozadí bylo, že byl nyní ženatý a měl dvě dcery a řekl, že si musí vybudovat existenci tady a teď v Německu. Protože byla tato žádost vyjádřena fyzickou silou, „rozloučil se" na dobrých 20 let. Nebyli jsme s ním v kontaktu až do doby krátce před otcovou smrtí. Ani dnes s ním nejsem v kontaktu a nevím o něm ani o mně, kde bydlíme. Co se týče mého syna, kterému je nyní 20 let, je třeba říci, že v roce 2012 jsem mu nemohl říct, že jsem ve vazbě, ale že musím pracovat v zahraničí, bylo mu tehdy 11 let. S partnerem jsme se na tom dohodli, měl jsem s ním dobrý vztah alespoň do doby, než jsem byl nucen zůstat v 11. obvodu, i když to bylo jen o víkendu. Vzhledem k tomu, že dle mého názoru ho drahý příbuzný mého bývalého partnera v roce 2012 i přes několik pokusů od dubna 2018 informoval, kde jsem skutečně byl, jsem s ním nebyl v kontaktu, naposledy jsem ho viděl 15.7.2017. Vztah s maminkou byl vlastně jen dobrý v prvních letech mého života, ale jelikož jsme byly povahově velmi rozdílné, změnilo se to nejpozději s internátem, ale to neměnilo to, že jsem stál při ní. v posledních letech jejího života. Co mě ale hodně zarazilo a znepokojuje mě to dodnes, že jsem nikdy nemohla mluvit s otcem a on se mnou asi taky ne.

Přátelé

Určitě jsem měl za ta léta několik přátel, které se sem snažím zařadit, i když na to vlastně nemám nárok, ale jak jsem řekl, vidím to tak.

Mezi mé nejlepší přátele určitě patřili ti z Dolního Rakouska, které jsem už věděl, když mi bylo 12 let. Protože však byli rozšířeni po celé spolkové zemi Dolní Rakousy, přátelství po zhruba 15 až 20 letech skončilo. Pokud jde o mého vídeňského přítele, dodnes nevím, proč mi nikdy nezabránil v závislosti na hazardu. Ale rád bych mu připsal, že by to nedokázal. V roce 2005 nebo 2006 jsem měl v prodejně problémy se stojanovým PC a jelikož peněz bylo většinou málo, hledal jsem opravu počítače, kterou jsem také našel ve 20. okrese. Tam jsem došel do sklepního baru o dvě ulice dál. Když jsem uviděl osobu jménem Kamal, uvědomil jsem si, že to musel být Arab, a tak jsem ho oslovil, protože jsem s těmito lidmi jednal už léta předtím. Odpověděl na moje arabská slova a také řekl, že se narodil v Alexandrii, ale nyní je rakouským občanem. O rok nebo dva později se přestěhoval o dvě ulice dolů do restaurace v přízemí, kde mě po čase zaměstnal, je zodpovědný za hardware a já za software. Byl to on, kdo mi nabídl úkryt ve sklepě v roce, kdy jsem žádné neměl. Asi po roce k nám do obchodu ve 20. obvodu přišel o něco starší pán, jak se ukázalo, byl o 20 let starší než já. Říkal, že má problémy s vlastní webovou stránkou, protože software byl přizpůsobený, už si nevěděl rady a chtěl přidat pár věcí. Možná bych rád viděl, co jsem na místě udělal. Tam jsem našel poměrně velkou webovou stránku, na které on sám léta pracoval, a pročetl jsem si cestu do toho systému. Nakonec se mi konečně podařilo vyřešit problémy s konverzací, které měl s novým systémem. Z obou setkání se vyvinulo přátelství, které trvá dodnes a které bych si nenechal ujít ani já. Ano, byla navázána spojení ze skupin kluby 60+ a kluby 50+, ale ty se s pandemií zase vytratily.

Partnerské vztahy

První partnerství s mojí kolegyní ve výzkumném centru mě trochu zklamalo, protože mě trochu zarazilo, že mě a dítě donutila přestěhovat se pod stejnou střechu jako její rodiče, čímž mě její otec přijal velmi dobře, ale jeho manželka dělal, kdo musel vědět všechno mě trochu štval. Co se týče mé druhé ženy v mém životě, byla to bezesporu žena mého života, jinak by partnerství netrvalo přes 20 let. Že se to rozpadlo i přes tehdy 8letého syna, je asi z 95 % moje chyba. Až zpětně jsem zjistil, že jsme nikdy nemluvili o sobě a svých problémech a pak, stejně jako po rozchodu, bylo příliš pozdě. Možná by to něco změnilo, kdybychom si promluvili dříve. Nevím. Jelikož se o skupině 50+ Treff od samého začátku mého působení pro tuto skupinu říkalo, že je jakýmsi partnerským portálem, stalo se, jak muselo. Byl pátek před Letnicemi v roce 2017, 8 let poté, co se ode mě oddělila Britta z Dolního Rakouska. Měli jsme tam sraz ještě jednou v baru a jeho hospodské zahrádce. Šel jsem tam jako obvykle s kamarádem Romanem. Pak přišla Pamela, členka skupiny 50+ Treff a o rok mladší než já, a sedla si mezi mě a Romana. V průběhu večera se mezi mnou a Pamelou rozvinul jednorázový rozhovor a hodně jsme si povídali a smáli se, takže jsem ostatní účastníky už vlastně nevnímal. Během toho jsem si všiml, že pokaždé, když jsme se měli čemu smát, poplácala mě po paži nebo stehně. Zaregistroval jsem se dobře, ale co už, protože jsem v tomto ohledu nebyl nejodvážnější. Ale sebral jsem odvahu a zeptal se jí, jestli bychom se nemohli o svatodušní sobotu někde sejít na procházku, což jsme druhý den také udělali. Vypadl jsem z mraků a šel jsem na svatodušní neděli na komunitní den své komunity. Ale jelikož bylo vždy zvykem v takové dny po krátké modlitbě mluvit o cestě a vlastních zkušenostech s ní, a to před cca 20 lidmi, samozřejmě dobrovolně, tak jsem po chvíli začal. Jak jsem řekl, bylo mi 57 let a před vstupem do budovy jsem mluvil s Pamelou po telefonu. Tak jsem řekl, že trpím nevyléčitelnou nemocí, která může postihnout kohokoli a další květnatá prohlášení z mé strany. Rozhlédl jsem se kolem sebe, a kromě rozrušených tváří jsem vlastně nic nerozeznával. o čem jsem to mluvil? No, samozřejmě tam byly otázky a prohlášení typu: mluvíš jako 16letý a jeden z přítomných, 22letý student, se mě zeptal: Edi jsi zamilovaný, což já samozřejmě nemohl popřít. O měsíc později, 15. července 2017, jsem si představil, že jsme s Pamelou pár, jel jsem naposledy za synem do Dolního Rakouska, což jsem tehdy ještě nevěděl. Protože si brzy uvědomil, že jsem příliš vzrušený, přiznal jsem se mu, že je v mém životě nová žena, a také jsem mu ukázal její fotku, čehož jsem poté litoval. V té době se už Pamela léčila ve Štýrsku. Když se vrátila, zjistil jsem, že ji v tomto lázeňském středisku následoval další člen skupiny 50+ Treff a Pamela mě odvezla. Protože ani tento muž nebyl nutně společenský, bylo toto partnerství mezi Georgem a Pamelou pouze dočasné. No, setkání bylo více a v srpnu 2018 se uskutečnilo setkání na Heurigeru v

19. obvodu. Někteří lidé v této skupině, stejně jako já, založili skupinu v Whatsapp a posílali nám tam a zpět fotky po celém místě. Tento pátek tedy do skupiny přišla nová žena jménem Anna, rodačka z Polska a na pohled pěkná. Uměla se velmi srdečně smát, což na mě velmi zapůsobilo. Připojila se také k naší skupině ve Whatsappu a poté neustále vymýšlela vtipné příspěvky, které této skupině dodaly impuls. Jednoho dne v září 2017 zveřejnila, že hrozny ve 22. okrese jsou zralé a že někdo z této skupiny jí nemůže pomoci se sklizní hroznů. Vyčlenila si na to den na příští víkend. Odezva na to byla nulová. Tak jsem si řekl, proč ne, jít číst hrozny a domluvit si schůzku ve 22. obvodu. Našla jsem opravdu hodně hroznů, které jsme přes den natrhali a večer pak zpracovali na sirup a šťávu. Ale protože v sobotu večer nic „neuteklo", čas plynul a ten den jsme se stali párem. V polovině října po měsíci partnerství řekla, že by se cítila pohodlněji, kdyby zůstala sama, s čímž jsem se musel smířit. Dobrý nebo ne, to se také rozpadlo, ale vždy byly schůzky ve skupině, a tak v listopadu 2017 ve 3. obvodu. Tam nás bylo asi 20 lidí, kde jsme měli nějaké problémy s prostorem v této restauraci. Když to kolem deváté ráno skončilo, šli jsme s Romanem do

ulice, kde stály dvě ženy, Tine a Julia. Najednou se Tine zeptala: Co teď budeme dělat? Byl jsem trochu zmatený, protože takovou otázku jsem od ženy nečekal. No, a tak jsme zašli do nedaleké kavárny a zůstali tam asi hodinu. Pak Tine zjistila, že jsem zaneprázdněný počítači, a řekla, zda mohu vyřešit problém s jejím počítačem u ní doma, což předpokládala poté, co uvedla svou adresu ve 14. obvodu. Ta žena byla asi o dva roky starší než já, a ne nutně štíhlá. Tato oprava počítače nebo tato návštěva se změnila ve více, i když se mi to na pohled nemuselo líbit. Většinu času jsem trávil s ní a s ní. Měla nový byt, ale zřejmě se tam necítila jako doma, pokud jsem mohl soudit, protože vždycky musela jít něco koupit nebo jen někam jet, byla vášnivá řidička. Během této doby mě zasypala oblečením a dalšími věcmi a vždy platila v hospodě. Když jsem se jí zeptal, že to nechci, protože jsem měl mezitím dost oblečení v krabicích, byla trochu nervózní. A tak jednoho víkendu jela ke své sestře do nejhlubšího Burgenlandu a cestou tam volala z auta. Pro mě to bylo to, co rozbilo hlaveň. O všem rozhodla bez konzultace se mnou a řekla, že si mou lásku může koupit hromadami dárků. Takže i tato epizoda skončila. V létě 2018 jsme byli s Romanem tancovat v 1. obvodu, oba svobodní, akci jsme znali dlouho, a především dva pořadatelé. Když jsme tam dorazili, nezbylo skoro žádné místo, takže jsme si oba museli sednout ke stolu, kde už seděly dvě ženy. Jeden se jmenoval Graziella (částečně italští rodiče) a druhý si bohužel nepamatuji. Teď, když jsme seděli u jednoho stolu, musel jsem také vyzvat dámy k tanci, a tak jsme s Graziellou brzy seděli vedle sebe a ona mi řekla, že má problémy s PC. Už jsem ten argument dobře znal a Graziella byla mnohem starší než já, ale přesto jsem potvrdil, že to uvidím u ní doma v 16. obvodu. I tam to byl stejný výsledek jako u Tine, dali jsme se dohromady. Měla v dlouhodobém pronájmu v 17. obvodě malý domek v příslušně velké zahradě, kde se člověk nemohl snadno pohybovat před velkým množstvím rostlin a stromů. Navíc měla vinnou révu nad střešní terasou, kde jsme také hrozny sklízeli a následně zpracovávali, opět aha zážitek. Jelikož se nedalo pohybovat pouze na zahradě, platilo to i pro interiéry domu, a nakonec i vašeho bytu. Partnerství bylo tedy časově omezené. Já sám nejsem zrovna blázen v úklidu, ale chtěl bych se pohybovat v pokoji, každopádně jsem byl v roce 2012 dost stísněný. Začátkem listopadu 2018, jednoho sobotního rána po snídani, jsem z tohoto spoje odešel v pospěš si. V tuto chvíli jsem spadl do hluboké díry, protože jsem se musel divit, co dělám špatně. 4 ženský a se všemi to nevyšlo, byla to moje minulost, bylo to moje "bohatství"? No a na konci listopadu v sobotu 24. listopadu 2018 byla další taneční akce Kamarád Roman mě přemluvil, abych šel na tento tanec ve 2. obvodu. Ale nechtělo se mi. Nakonec mě dostal tak daleko. Seděli jsme u stolu s asi 8 lidmi. Naproti sobě jsem viděl blondýnku, která byla podle mého názoru ve společnosti staršího pána. Ten večer od 18:00 do 21:00 při živé hudbě jsem toho moc netancoval. Ke konci se dotyčná paní vrátila ke stolu a řekla nám s Romanem, jestli tam nechceme vůbec tančit. Tomuto prohlášení jsem jen špatně rozuměl, a proto jsem nereagoval. Roman okamžitě vyskočil a šel s ní tančit. Nyní tato akce skončila a šli jsme do šatny. Najednou vedle mě stála tato žena jménem Ully a zeptala se: Jdeš se mnou a tím myslím Romana a mě. Když už byla sobota večer a taky nebylo pozdě, nevadilo mi jít se mnou a řekl jsem to i Romanovi. Ten také souhlasil, a tak po dlouhém hledání asi 8 lidí skončilo v baru v 1. obvodu. Než odešla do šatny, dala Romanovi číslo svého mobilu, který jsem zaregistroval jen okrajově. No a teď jsme posadili Ully vedle mě v tomto baru a Roman měl přednášku o šamanismu a energetice. V průběhu večera se ukázalo, že Ully nepřišla se starším pánem, ale se svou kamarádkou Monikou. Jakmile jsem to zaregistroval, byl jsem trochu v rozpacích, což se mi na paní líbilo. Teď měl Roman její číslo, ale nemohl jsem ho chtít. Vzal jsem si tedy vizitku z restaurace a na zadní stranu jsem napsal své telefonní číslo. Když jsem odcházel z restaurace, dal jsem jí tuto kartu, čehož si bohužel všiml i Roman. Takže jsem byl v ďábelské kuchyni a Ully měla dvě čísla mobilu od Romana a mě. Další den, v neděli, jsem čekal, co se děje. Ráno se nic nedělo, ale ve 2 hodiny byl mobil a Ully na lince. Zeptala se mě, jestli bychom nemohli jít i na kafe. Moje odpověď na toto: Okamžitě a okamžitě – máte přestávku ve vysílání. Ano, ještě musí něco opravit a asi za hodinu mi zavolá zpět. Ale nebyla to hodina, jen půlhodina a sešli jsme se v kavárně ve 20. okrese. Pak jsme tam šli do kina, a protože toho bylo málo, šli jsme i do salonku v 1. patře. Řekl jsem jí, jak jsem byl zvyklý, vše o svém minulém životě, který nemusí být nutně produktivní. Najednou se ke mně otočila a políbila mě na tvář. Od té doby jsme pár, i když věkový rozdíl o pár let je. Proč? Protože věřím, že je nejlepší ze 4 žen předtím.

Neokatolický konec

Když jsem v roce 2011 vstoupil do společenství nebo stezky, bylo od začátku jasné, že bude trvat asi 30 let než tuto cestu kráčet. Nyní v roce 2017 o tomto svatodušním víkendu jsem musel udělat své zkušenosti, co znamená výklad partnerství na této cestě, a proto jsem se trochu zamyslel. Když si v dubnu 2018 vzala život moje sestra Maria z komunity, po 7 letech sounáležitosti jsem se rozhodl cestu ukončit a udělal jsem totéž v květnu 2018 na nešporách za zesnulé. V tomto ohledu jsem si myslel, že už nemohu souhlasit s některými argumenty na cestě. To se samozřejmě týkalo výkladu partnerství i toho, jak uvést víru do života. Jsem nyní věřící nebo ne: Na tuto otázku zde nemůže a nechci odpovědět, především může jednotlivec sám? Pokud jde o mě, nyní se snažím žít víru poté, co jsem opustil komunitu. Od té doby jsem stále v kontaktu s Bohem, i když je to vyjádřeno pouze tichými modlitbami s ním.

Zákazníky

Za svůj život jsem měl určitě několik stovek zákazníků, ke kterým se vždy chovám s respektem a zdvořilostí, bez ohledu na to, zda jsou domácí nebo zahraniční. Pokud jde o zákaznickou základnu v době, kdy jsem prodával noviny a časopisy, mám několik negativních zkušeností. Protože 99 % z nich byli vždy cizinci, nemusel jsem se ani dívat na své peníze, protože lidé odešli do své domovské země a ignorovali mé požadavky. Moji zákazníci, kterým už jsem v počítačovém sektoru úplně jinde, jsou vždy rádi, když mi zavolají. Víte, že si nedám pokoj, dokud nebude problém vyřešen, a to může nějakou dobu trvat. Nepamatuji si ale zákazníka z doby, kdy jsem vytvářel software. Jedná se o obyvatele Německa, ale jiného původu. Mezi jeho tři společnosti patří zubní ordinace, zubní laboratoř a zubní sklad. Na podzim roku 2010 k nám do prodejny přišel jeho zaměstnanec ze zubního depotu. Pozadí bylo, že výpočetní program již nefungoval a zeptal se, jestli to mohu opravit. Protože tento muž neměl nutně obchodní znalosti, zjistil jsem, že tento program již nelze zachránit. Nyní jsem si všiml, že celá věc se v podstatě skládala ze tří společností s širokou škálou přístupů. V rámci naší společnosti ve 20. okrese jsme tak vytvořili nabídku pro všechny tři společnosti s finančním a skladovým účetnictvím, otevřenou správou položek. Řízení odvolávek zákazníků a dodavatelů a mnoho dalšího. Toto jsem předložil šéfovi a on začal jednotlivé části této nabídky přijímat a jiné odmítat. Ale jelikož mám vždy ambici vše tvořit na 100 %, tak tomu bylo i v tomto případě a samozřejmě i s ohledem na to, že padlo rozhodnutí přijmout další část naší nabídky. Ale protože software není statický, program byl často přizpůsoben. Chodil jsem tedy k jeho zubnímu velkoobchodu až čtyřikrát týdně, abych to udělal, pokaždé s poděkováním za sedm let. Protože přítomní zaměstnanci nebyli nutně obchodníci, nemohli provádět každoroční inventuru. To znamená, že až do inventury v roce 2017 jsem ji prováděl já za pomoci tamních přítomných. Jelikož ale ze své komerční zkušenosti vím, že by se něco takového mělo stihnout maximálně do dvou dnů, měl jsem v tomto ohledu své potíže. Poslední inventura byla dokončena po etapách během dvou týdnů. Předem bylo dohodnuto, že námi předložená faktura bude uhrazena třikrát. První dílčí částka s trojcifernou částkou v eurech je zaplacena, zbytek je stále otevřený.

Argument klienta byl, že můj program nefunguje, což si zásadně protiřečí. Software na jednu stranu bezchybně fungoval sedm let a na druhou ho používají dodnes a také čtyři roky. Takže jsme se vrátili k dobrému čtyřmístnému. Dokonce i dopis advokáta, který vyhrožoval platebním rozkazem, zůstal bez odezvy. K mým současným zákazníkům, o které se dnes v rámci našeho podnikání starám, řeknu, že jsou ze mě naprosto nadšení, protože vědí, co ode mě dostávají. Na jedné straně nejde jen o promptní schůzku, ale také o vědomí zákazníka, že se nevzdávám, dokud nenajdu řešení. Možná to chce čas, ale jsem také šťastný pokaždé, když vidím, že to funguje.

Životopis

Vy jako čtenář si teď možná myslíte, že jste četli, že tohle není život. Ano, může být, ale jak již bylo zmíněno, byla to pouze moje rozhodnutí, zda byla správná nebo špatná, lze vždy určit pouze zpětně. Vyvstává tedy další otázka, zda jsem šťastný. Ale protože jde o čistě subjektivní hodnocení, každý by na to odpověděl jinak. Jsem šťastný. Proč? Když si vzpomenu na dobu své závislosti, tak to vlastně nebylo to, čemu se říká život, takže jsem ráda, že jsem toto období přežila. Jak jsem to tenkrát dokázal, není dodnes jasné, ale jsem rád, že jsem tou dobou prošel. Zda jsem spokojen, jak jsem to formuloval ve své 1. knize, zůstává nezodpovězeno. Důvodem je to, že se můj nejbližší přítel ode mě na vlastní žádost po dobrých 10 letech rozešel, což dodnes nechápu. Nevím, co dalšího si pro mě život připravil, ale už vlastně nemůže přijít nic, co by mnou otřáslo.